Thailännesch Genoss

Eng Rees an d'Geschmacker vun Thailand

Ananya Somchai-Klein

Resumé

Garnelen mat Lycheesauce

Servéiert 4

50 g / 2 oz / ¬Ω eenzeg Coupe (also)

Miel

2,5 ml / ¬Ω Teelöffel Salz

1 Ee, liicht geschloen

30 ml / 2 Esslöffel Waasser

450 g geschälte Garnelen

frittéiert Ueleg

30 ml / 2 Esslöffel Erdnussueleg (Erdnuss).

2 Scheiwen Ingwer, gehackt

30 ml / 2 Esslöffel Esseg

5 ml / 1 Teelöffel Zocker

2,5 ml / ¬Ω Teelöffel Salz

15 ml / 1 Esslöffel Sojazooss

200 g Konserven Lychee, drainért

D'Miel, d'Salz, d'Ee an d'Waasser schloen bis Dir en Teig kritt, wann néideg e bësse Waasser derbäi. Gitt mat Garnelen bis gutt beschichtet. Den Ueleg erhëtzen an d'Garnelen e puer Minutten frittéieren, bis se gëllen a knusprech sinn. Drain op Pabeierhandtücher a setzen an eng waarm Schossel. Mëttlerweil, Hëtzt den Ueleg a frittéiert den Ingwer fir 1 Minutt. Esseg,

Zocker, Salz a Soja addéieren. Lychees derbäisetzen a bis waarm a mat Sauce beschichtet ginn. Gitt iwwer d'Garnelen a servéiert direkt.

Gegrillte Garnelen mat Tangerine

Servéiert 4

60 ml / 4 Esslöffel Erdnussueleg (Erdnuss).

1 Knuewelek, zerquetscht

1 Scheiwen Ingwer, fein gehackt

450 g geschälte Garnelen

30 ml / 2 Esslöffel Reiswäin oder dréchen Sherry 30 ml / 2 Esslöffel Sojazooss

15 ml / 1 Esslöffel Mais Miel (Maisstärke)

45 ml / 3 Esslöffel Waasser

Den Ueleg erhëtzen an de Knuewel an den Ingwer bis gëllenbraun frittéieren. Garnelen derbäisetzen a 1 Minutt frittéieren. De Wäin oder de Sherry derbäisetzen a gutt mëschen.

Sojazooss, Maisstärke a Waasser addéieren a 2 Minutten frittéieren.

Garnelen mat gehackte Zooss

Servéiert 4

5 gedréchent chinesesch Champignonen

225 g Bounen Sprossen

60 ml / 4 Esslöffel Erdnussueleg (Erdnuss).

5 ml / 1 Teelöffel Salz

2 Steng Sellerie, gehackt

4 Frühstücks Zwiebelen (Scalions), gehackt

2 Knuewelek, gehackt

2 Scheiwen Ingwer, gehackt

60 ml / 4 Esslöffel Waasser

15 ml / 1 Esslöffel Sojazooss

15 ml / 1 EL Rais Wäin oder dréchen Sherry

225 g / 8 oz Mangetout (Erbsen)

225 g geschälte Garnelen

15 ml / 1 Esslöffel Mais Miel (Maisstärke)

Soak de Champignonen am waarme Waasser fir 30 Minutten, dann drainéieren. Huelt d'Stämm a schneiden d'Toppen of. Blanchéiert d'Bounen Sprossen a kochendem Waasser fir 5 Minutten a gutt drainéieren. Hëtzt d'Halschent vum Ueleg a fritt d'Salz, d'Sellerie, d'Fréijoerszwiebel an d'Bounensprossen fir 1 Minutt, huelt dann aus der Pan. De Rescht Ueleg erhëtzen a Knuewelek an Ingwer bis gëllenbraun frittéieren. D'Halschent vum Waasser, Sojazooss, Wäin oder Sherry, Schnéi-Erbsen a Garnelen derbäisetzen, opkachen an 3 Minutten daueren. D'Maisstärke an d'Rescht Waasser zu enger Paste vermëschen, an d'Bratpfanne réieren a simmer, réieren, bis d'Sauce verdickt. Gitt d'Geméis an d'Pan zréck, simmer bis waarm. Serve direkt.

Garnelen mat chinesesche Champignonen

Servéiert 4

8 gedréchent chinesesch Champignonen

45 ml / 3 Esslöffel Erdnussueleg (Erdnuss).

3 Scheiwen Ingwerwurzel, gehackt

450 g geschälte Garnelen

15 ml / 1 Esslöffel Sojazooss

5 ml / 1 Teelöffel Salz

60 ml / 4 Esslöffel Fëschbouillon

Soak de Champignonen am waarme Waasser fir 30 Minutten, dann drainéieren. Huelt d'Stämm a schneiden d'Toppen of. D'Halschent vum Ueleg erhëtzen an den Ingwer bis gëllenbraun frittéieren. Füügt d'Garnelen, Sojazooss a Salz a frittéiert bis se mat Ueleg beschichtet sinn, huelt dann aus der Pan. De reschtlechen Ueleg erhëtzen an d'Pilze frittéieren bis se an Ueleg bedeckt sinn. Bouillon derbäisetzen, e Kachen bréngen, iwwerdecken a fir 3 Minutten simmeren. Zréck d'Garnelen an d'Bratpfanne zréck a réieren bis se erwiermt.

Fritten Garnelen an Erbsen

Servéiert 4

450 g geschälte Garnelen

5 ml / 1 TL Sesamöl

5 ml / 1 Teelöffel Salz

30 ml / 2 Esslöffel Erdnussueleg (Erdnuss).

1 Knuewelek, zerquetscht

1 Scheiwen Ingwer, fein gehackt

225g gefruer oder blanchéiert Erbsen, opgedaucht

4 Frühstücks Zwiebelen (Scalions), gehackt

30 ml / 2 Esslöffel Waasser

Salz a Peffer

Mix d'Garnelen mat Sesamöl a Salz. Den Ueleg erhëtzen an de Knuewel an den Ingwer 1 Minutt frittéieren. D'Garnelen derbäisetzen an 2 Minutten frittéieren. Füügt d'Erbsen a frittéiert fir 1 Minutt. Füügt d'Fréijoerszwebel an d'Waasser derbäi a mat Salz a Peffer an e bësse méi Sesamöl, wann Dir wëllt. Hëtzt, liicht réieren, virum Déngscht.

Garnelen mat Mango Chutney

Servéiert 4

12 Garnelen

Salz a Peffer

Jus vun 1 Zitroun

30 ml / 2 Esslöffel Mais Miel (Maisstärke)

1 mango

5 ml / 1 TL Moschterpulver

5 ml / 1 Teelöffel Hunneg

30 ml / 2 Esslöffel Kokosnosscrème

30 ml / 2 Esslöffel mëll Currypulver

120 ml / 4 fl oz / ¬Ω Coupe Poulet Bouillon

45 ml / 3 Esslöffel Erdnussueleg (Erdnuss).

2 Knuewelek, gehackt

2 Frühstücks Zwiebelen (Scalions), gehackt

1 Fennel, fein gehackt

100 g Mango Chutney

D'Garnelen schielen, d'Schwänzen intakt loossen. Sprinkle mat Salz, Peffer an Zitrounejus, dann uewen mat der Halschent vun der Maisstärke. D'Mango schielen, d'Fleesch aus dem Schanken schneiden, dann d'Fleesch schneiden. Mix Moschter, Hunneg, Kokosnoss Crème, Curry Pudder, Rescht Maisstärke a Bouillon. D'Halschent vum Ueleg erhëtzen an de Knuewel, d'Fréijoerszweil an d'Fennel 2 Minutten frittéieren. Bouillon derbäisetzen, e Kachen bréngen a 1 Minutt kachen. Füügt d'Mango-Würfel an d'waarm Sauce a waarmt iwwer niddereg Hëtzt, gitt dann op eng waarm Déngschtplack. De Rescht Ueleg erhëtzen a Garnelen fir 2 Minutten frittéieren. D'Geméis addéieren an direkt servéieren.

Déif frittéiert Garnelen Fleeschbäll mat Zwiebelzooss

Servéiert 4

3 Eeër, liicht geschloen

45 ml / 3 Esslöffel Miel (fir all Gebrauch).

Salz a frësch gemalen Peffer

450 g geschälte Garnelen

frittéiert Ueleg

15 ml / 1 Esslöffel Erdnussueleg (Erdnuss).

2 Zwiebelen, gehackt

15 ml / 1 Esslöffel Mais Miel (Maisstärke)

30 ml / 2 Esslöffel Sojazooss

175 ml / 6 fl oz / ¬œ Coupe Waasser

Mix Eeër, Miel, Salz a Peffer. Taucht d'Garnelen am Teig. Den Ueleg erhëtzen an d'Garnelen braten bis se gëllenbraun sinn. Mëttlerweil, Hëtzt den Ueleg a frittéiert den Zwiebel fir 1 Minutt. Mixen déi aner Zutaten bis Dir eng Paste kritt, addéiert d'Zwiebel a kachen ënner Rühr bis d'Sauce verdickt. Drainéiert d'Garnelen a setzt se an eng waarm Schossel. D'Zooss iwwergoen an direkt servéieren.

Mandarin Garnelen mat Erbsen

Servéiert 4

60 ml / 4 Esslöffel Erdnussueleg (Erdnuss).

1 Knuewelek, gehackt

1 Scheiwen Ingwer, fein gehackt

450 g geschälte Garnelen

30 ml / 2 Esslöffel Reiswäin oder dréchen Sherry

225 g gefruerene Erbsen, opgedaucht

30 ml / 2 Esslöffel Sojazooss

15 ml / 1 Esslöffel Mais Miel (Maisstärke)

45 ml / 3 Esslöffel Waasser

Den Ueleg erhëtzen an de Knuewel an den Ingwer bis gëllenbraun frittéieren. Garnelen derbäisetzen a 1 Minutt frittéieren. De Wäin oder de Sherry derbäisetzen a gutt mëschen. Fügen Se d'Erbsen derbäi a 5 Minuten frittéieren. De Rescht vun den Zutaten derbäisetzen a fir 2 Minutten frittéieren.

Peking Garnelen

Servéiert 4

30 ml / 2 Esslöffel Erdnussueleg (Erdnuss).

2 Knuewelek, gehackt

1 Scheiwen Ingwer, fein gehackt

225 g geschälte Garnelen

4 Frühstückszwiebelen (Scalions), déck geschnidden

120 ml / 4 fl oz / ¬Ω Coupe Poulet Bouillon

5 ml / 1 TL brong Zucker

5 ml / 1 TL Sojazooss

5 ml / 1 TL Hoisinsauce

5 ml / 1 TL Tabasco Zooss

Den Ueleg mam Knuewel an Ingwer erhëtzen a frittéiert bis de Knuewel liicht brong ass. Garnelen derbäisetzen a 1 Minutt frittéieren. Schnéi derbäisetzen a 1 Minutt frittéieren. Füügt déi aner Zutaten, bréngt e Kachen, iwwerdeckt a simmer fir 4 Minutten, heiansdo réieren. Kuckt d'Gewierzer a wann Dir wëllt, e bësse méi Tabasco derbäi.

Garnelen mat Paprika

Servéiert 4

30 ml / 2 Esslöffel Erdnussueleg (Erdnuss).

1 gréng Paprika, a Stécker geschnidden

450 g geschälte Garnelen

10 ml / 2 Teaspoen Mais Miel (Maisstärke)

60 ml / 4 Esslöffel Waasser

5 ml / 1 TL Reis Wäin oder dréchen Sherry

2,5 ml / ¬Ω Teelöffel Salz

45 ml / 2 Esslöffel Tomatenpaste √ © e (Pasta)

Den Ueleg erhëtzen an d'Pfeffer 2 Minutten frittéieren. Garnelen an Tomatenpurée derbäisetzen a gutt mëschen. Mix d'Maismeal Waasser, Wäin oder Sherry a Salz fir eng Paste ze bilden, réieren an d'Pan a simmer, réieren, bis d'Zooss kloer a verdickt.

Sautéed Garnelen mat Schwäin

Servéiert 4

225 g geschälte Garnelen

100 g mageres Schweinefleesch, Buedem

60 ml / 4 Esslöffel Rais Wäin oder dréchen Sherry

1 Ee wäiss

45 ml / 3 Esslöffel Mais Miel (Maisstärke)

5 ml / 1 Teelöffel Salz

15 ml / 1 Esslöffel Waasser (optional)

90 ml / 6 Esslöffel Erdnussueleg (Erdnuss).

45 ml / 3 Esslöffel Fëschbouillon

5 ml / 1 TL Sesamöl

Setzt d'Garnelen a Schweinefleesch an getrennten Schësselcher. Mix 45 ml / 3 Esslöffel Wäin oder Sherry, Ee wäiss, 30 ml / 2 Esslöffel Maisstärke a Salz bis glat, add Waasser wann néideg. Deelt d'Mëschung tëscht Schweinefleesch a Garnelen a vermëschen gutt fir gläichméisseg ze beleeën. Den Ueleg erhëtzen an d'Schweinefleesch an d'Garnelen e puer Minutten frittéiert bis gëllenbraun. Huelt aus der Pan a gitt alles ausser 15ml / 1 Tbsp Ueleg. Huelt d'Bouillon an d'Pan mam Rescht vum Wäin oder Sherry a Maisstärke. Bréngt e Kachen a simmer, réieren, bis d'Sauce verdickt. Gidd d'Garnelen an d'Schweinefleesch iwwer a servéiert mat Sesamöl gesprëtzt.

Fritten Kinnek Garnelen mat Sherry Zooss

Servéiert 4

50 g / 2 oz / ¬Ω Coupe Allzweck Miel.

2,5 ml / ¬Ω Teelöffel Salz

1 Ee, liicht geschloen

30 ml / 2 Esslöffel Waasser

450 g geschälte Garnelen

frittéiert Ueleg

15 ml / 1 Esslöffel Erdnussueleg (Erdnuss).

1 Zwiebel, fein gehackt

45 ml / 3 Esslöffel Rais Wäin oder dréchen Sherry

15 ml / 1 Esslöffel Sojazooss

120 ml / 4 fl oz / ¬Ω Coupe Fëschbouillon

10 ml / 2 Teaspoen Mais Miel (Maisstärke)

30 ml / 2 Esslöffel Waasser

D'Miel, d'Salz, d'Ee an d'Waasser schloen bis Dir en Teig kritt, wann néideg e bësse Waasser derbäi. Gitt mat Garnelen bis gutt beschichtet. Den Ueleg erhëtzen an d'Garnelen e puer Minutten frittéieren, bis se gëllen a knusprech sinn. Drain op Pabeierhandtücher a setzen an eng waarm Schossel. Mëttlerweil, Hëtzt den Ueleg a frittéiert d'Zwiebel bis mëll. Wäin oder Sherry, Sojazooss a Bouillon derbäisetzen, opkachen a 4 Minutten kachen. Stir a Maismiel a Waasser bis eng Paste formt, réieren an d'Spanne a simmer, réieren, bis d'Sauce kläert a verdickt. Gitt d'Zooss iwwer d'Garnelen a servéiert.

Sesam frittéiert Garnelen

Servéiert 4

450 g geschälte Garnelen

¬Ω Eiweiß

5 ml / 1 TL Sojazooss

5 ml / 1 TL Sesamöl

50 g / 2 oz / ¬Ω Coupe Mais (Maisstärke)

Salz a frësch gemalen wäisse Peffer

frittéiert Ueleg

60 ml / 4 Esslöffel Sesam Somen

Salat Blieder

Mix d'Garnelen mat Eewäiss, Soja, Sesamöl, Maisstärke, Salz a Peffer. Wann d'Mëschung ze déck ass, e bësse Waasser derbäi. Den Ueleg erhëtzen an d'Garnelen e puer Minutten ubroden, bis se e bësse Faarf kréien. Mëttlerweil, kuerz d'Sesam Somen an enger dréchener Bratpfanne bis gëllenbraun toastéieren. D'Garnelen ofleeën a se mam Sesam vermëschen. Serve op engem Bett vun Zalot.

Sauteed Garnelen mat hire Muschelen

Servéiert 4

60 ml / 4 Esslöffel Erdnussueleg (Erdnuss).

750 g / 1¬Ω lb geschälte Garnelen

3 Frühstücks Zwiebelen (Scalions), gehackt

3 Scheiwen Ingwerwurzel, gehackt

2,5 ml / ¬Ω Teelöffel Salz

15 ml / 1 EL Rais Wäin oder dréchen Sherry

120 ml / 4 fl oz / ¬Ω Coupe Ketchup (Ketchup)

15 ml / 1 Esslöffel Sojazooss

15 ml / 1 Esslöffel Zocker

15 ml / 1 Esslöffel Mais Miel (Maisstärke)

60 ml / 4 Esslöffel Waasser

Hëtzt Ueleg a frittéiert Garnelen fir 1 Minutt wa gekacht oder bis rosa wann réi. Fréijoër Zwiebel, Ingwer, Salz a Wäin oder Sherry dobäiginn a 1 Minutt frittéieren. Ketchup, Soja an Zocker addéieren a 1 Minutt frittéieren. Kombinéiert de Maisstärke a Waasser, schëdden an d'Pan a simmer, réieren, bis d'Sauce opgeléist a verdickt ass.

Fritten Garnelen

Servéiert 4

75 g / 3 oz / Roggen ¬ Taass Mais (Maisstärke)

1 Ee wäiss

5 ml / 1 TL Reis Wäin oder dréchen Sherry

Salz

350 g geschälte Garnelen

frittéiert Ueleg

Maisstärke, Eeërwäiss, Wäin oder Sherry an eng Prise Salz zu engem décke Batter mëschen. Dip Garnelen am Teig bis gutt beschichtet. Den Ueleg erhëtzen bis waarm a frittéiert d'Garnelen e puer Minutten bis gëllenbraun. Huelt aus Ueleg, Hëtzt bis waarm, da frittéiert Garnelen erëm bis knusprech a gëllenbraun.

Shrimp Tempura

Servéiert 4

450 g geschälte Garnelen

30 ml / 2 Esslöffel Miel (fir all Gebrauch).

30 ml / 2 Esslöffel Mais Miel (Maisstärke)

30 ml / 2 Esslöffel Waasser

2 geschlagen Eeër

frittéiert Ueleg

D'Garnelen an der Halschent an der bannenzeger Kéirung schneiden an se opmaachen fir e Päiperléck ze bilden. Mix d'Miel, d'Maisstärke a Waasser bis en Teig entsteet, dann d'Eeër derbäi. Den Ueleg erhëtzen an d'Garnelen braten bis se gëllenbraun sinn.

ënner Gummi

Servéiert 4

30 ml / 2 Esslöffel Erdnussueleg (Erdnuss).

2 Frühstücks Zwiebelen (Scalions), gehackt

1 Knuewelek, zerquetscht

1 Scheiwen Ingwer, fein gehackt

100 g Pouletbrust, a Sträifen geschnidden

100 g Ham, a Sträifen geschnidden

100 g Bambusscheiss a Sträifen geschnidden

100 g Waasserkastanen, a Sträifen geschnidden

225 g geschälte Garnelen

30 ml / 2 Esslöffel Sojazooss

30 ml / 2 Esslöffel Reiswäin oder dréchen Sherry

5 ml / 1 Teelöffel Salz

5 ml / 1 Teelöffel Zocker

5 ml / 1 TL Mais Miel (Maisstärke)

Den Ueleg erhëtzen an d'Fréijoerszweil, de Knuewel an den Ingwer bis gëllen brong frittéieren. Huelt de Poulet derbäi a frittéiert fir 1 Minutt. Ham, Bambusscheiss a Waasserkastanen derbäisetzen a fir 3 Minutten frittéieren. Garnelen derbäisetzen a 1 Minutt frittéieren. Sojazooss, Wäin oder Sherry, Salz an Zocker addéieren a 2 Minutten frittéieren. De Maisstärke mat e bësse Waasser vermëschen, et an d'Pan schëdden an op niddereg Hëtzt kachen, réieren, fir 2 Minutten.

Garnelen mat Tofu

Servéiert 4

45 ml / 3 Esslöffel Erdnussueleg (Erdnuss).

225 g Tofu, geschnidden

1 Fréijoër Ënnen (Schëlleren), gehackt

1 Knuewelek, zerquetscht

15 ml / 1 Esslöffel Sojazooss

5 ml / 1 Teelöffel Zocker

90 ml / 6 Esslöffel Fëschbouillon

225 g geschälte Garnelen

15 ml / 1 Esslöffel Mais Miel (Maisstärke)

45 ml / 3 Esslöffel Waasser

Hëtzt d'Halschent vum Ueleg a fritt den Tofu bis liicht brong, huelt dann aus der Pan. De Rescht vum Ueleg erhëtzen an d'Fréijoerszweil an de Knuewel bis gëllenbrau frittéieren. Soja, Zocker a Bouillon addéieren a bréngen fir ze kachen. D'Garnelen derbäisetzen a 3 Minutten iwwer niddereg Hëtzt réieren. D'Maismeal a Waasser zu enger Paste vermëschen, an d'Pan réieren a simmer, réieren, bis d'Sauce verdickt. Zréck den Tofu an d'Bratpfanne zréck a simmer bis waarm.

Garnelen mat Tomaten

Servéiert 4

2 Eeër

30 ml / 2 Esslöffel Mais Miel (Maisstärke)

5 ml / 1 Teelöffel Salz

450 g geschälte Garnelen

frittéiert Ueleg

30 ml / 2 Esslöffel Reiswäin oder dréchen Sherry

225 g Tomaten, geschält, gekierzt a gehackt

Mix d'Ee Weess, Maisstärke a Salz. Füügt d'Garnelen bis gutt beschichtet. Den Ueleg erhëtzen an d'Garnelen frittéieren bis se gekacht sinn. Gitt alles ausser 15 ml / 1 Zoppeläffel Ueleg an Hëtzt. De Wäin oder d'Sherry an d'Tomaten derbäisetzen an zum Kachen bréngen. D'Garnelen derbäisetzen a séier virum Déngscht erhëtzen.

Garnelen mat Tomatenzooss

Servéiert 4

30 ml / 2 Esslöffel Erdnussueleg (Erdnuss).

1 Knuewelek, zerquetscht

2 Scheiwen Ingwer, gehackt

2,5 ml / ¬Ω Teelöffel Salz

15 ml / 1 EL Rais Wäin oder dréchen Sherry

15 ml / 1 Esslöffel Sojazooss

6 ml / 4 Esslöffel Ketchup (Ketchup)

120 ml / 4 fl oz / ¬Ω Coupe Fëschbouillon

350 g geschälte Garnelen

10 ml / 2 Teaspoen Mais Miel (Maisstärke)

30 ml / 2 Esslöffel Waasser

Den Ueleg erhëtzen an de Knuewel, den Ingwer an d'Salz fir 2 Minutten frittéieren. Wäin oder Sherry, Sojazooss, Ketchup a Bouillon addéieren a bréngen fir ze kachen. D'Garnelen derbäisetzen, iwwerdecken a fir 2 Minutten kachen. Mais Mais a Waasser an en Teig vermëschen, et an d'Pan schëdden a simmer, réieren, bis d'Zooss kloer a verdickt.

Garnelen mat Tomaten a Chilisauce

Servéiert 4

60 ml / 4 Esslöffel Erdnussueleg (Erdnuss).

15 ml / 1 Esslöffel fein gehackten Ingwer

15 ml / 1 Esslöffel fein gehackte Knuewel

15 ml / 1 EL gehackt Zitroun

60 ml / 4 Esslöffel Tomatenpaste √ © e (Pasta)

15 ml / 1 Esslöffel waarm Zooss

450 g geschälte Garnelen

15 ml / 1 Esslöffel Mais Miel (Maisstärke)

15 ml / 1 Esslöffel Waasser

Den Ueleg erhëtzen an den Ingwer, de Knuewel an d'Fréijoerszweil 1 Minutt ubroden. Tomate Puree a waarm Zooss addéieren a gutt mixen. D'Garnelen derbäisetzen an 2 Minutten frittéieren. Mais Mais a Waasser zu engem glaten Teig vermëschen, an d'Pan réieren a kachen bis d'Sauce déck ass. Serve direkt.

Fritten Garnelen mat Tomatenzooss

Servéiert 4

50 g / 2 oz / ¬Ω Coupe Allzweck Miel.

2,5 ml / ¬Ω Teelöffel Salz

1 Ee, liicht geschloen

30 ml / 2 Esslöffel Waasser

450 g geschälte Garnelen

frittéiert Ueleg

30 ml / 2 Esslöffel Erdnussueleg (Erdnuss).

1 Zwiebel, fein gehackt

2 Scheiwen Ingwer, gehackt

75 ml / 5 Esslöffel Ketchup (Ketchup)

10 ml / 2 Teaspoen Mais Miel (Maisstärke)

30 ml / 2 Esslöffel Waasser

D'Miel, d'Salz, d'Ee an d'Waasser schloen bis Dir en Teig kritt, wann néideg e bësse Waasser derbäi. Gitt mat Garnelen bis gutt beschichtet. Den Ueleg erhëtzen an d'Garnelen e puer Minutten frittéieren, bis se gëllen a knusprech sinn. Drain op Pabeierhandtücher.

Mëttlerweil Hëtzt d'Ueleg a fritt d'Zwiebel an den Ingwer bis mëll. Ketchup derbäisetzen a 3 Minutten daueren. D'Maismeal a Waasser zu enger Paste vermëschen, an d'Pan réieren a simmer, réieren, bis d'Sauce verdickt. Huelt d'Garnelen an d'Bratpfanne a kachen bis se duerchhëtzt. Serve direkt.

Garnelen mat Geméis

Servéiert 4

15 ml / 1 Esslöffel Erdnussueleg (Erdnuss).

225 g / 8 oz Broccoli Blummen

225 g Champignonen

225 g Bambusscheiss, geschnidden

450 g geschälte Garnelen

120 ml / 4 fl oz / ¬Ω Coupe Poulet Bouillon

5 ml / 1 TL Mais Miel (Maisstärke)

5 ml / 1 TL Austerzooss

2,5 ml / ¬Ω Teelöffel Zocker

2,5 ml / ¬Ω Teelöffel gerappte Ingwerwurzel

eng Prise frësch gemalen Peffer

Den Ueleg erhëtzen an de Broccoli 1 Minutt ubroden. D'Champignonen an de Bambusscheiss derbäisetzen an 2 Minutten frittéieren. D'Garnelen derbäisetzen an 2 Minutten frittéieren. Mix déi aner Zutaten a fügen d'Garnelenmëschung derbäi. Bréngt e Kachen, réieren, a simmer fir 1 Minutt, dauernd réieren.

Garnelen mat Waasser Kastanien

Servéiert 4

60 ml / 4 Esslöffel Erdnussueleg (Erdnuss).

1 Knuewelek, gehackt

1 Scheiwen Ingwer, fein gehackt

450 g geschälte Garnelen

30 ml / 2 Esslöffel Reis Wäin oder dréchen Sherry 225 g / 8 oz Waasser Kastanien, geschnidden

30 ml / 2 Esslöffel Sojazooss

15 ml / 1 Esslöffel Mais Miel (Maisstärke)

45 ml / 3 Esslöffel Waasser

Den Ueleg erhëtzen an de Knuewel an den Ingwer bis gëllenbraun frittéieren. Garnelen derbäisetzen a 1 Minutt frittéieren. De Wäin oder de Sherry derbäisetzen a gutt mëschen. D'Waasser Kastanien derbäisetzen a 5 Minutten frittéieren. De Rescht vun den Zutaten derbäisetzen a fir 2 Minutten frittéieren.

Garnelen wonton

Servéiert 4

450 g geschälte Garnelen, gehackt

225 g gehackt gemëscht Geméis

15 ml / 1 Esslöffel Sojazooss

2,5 ml / ¬Ω Teelöffel Salz

e puer Tropfen Sesamöl

40 wonton skins

frittéiert Ueleg

Mix Garnelen, Geméis, Sojazooss, Salz a Sesamöl.

Fir d'Wontons ze klappen, hält d'Schuel an Ärer lénkser Hand a gitt e puer vun der Fëllung an d'Mëtt. Befeucht d'Kante mam Ee a klappt d'Schuel an en Dräieck, d'Kante versiegelen. Befeucht d'Ecker mam Ee a rullt se op.

Den Ueleg erwiermen an d'Wontons e puer gläichzäiteg frittéieren bis gëllenbraun. Gitt gutt virum Déngscht.

abalone mat Poulet

Servéiert 4

400 g Konserven Abalone

30 ml / 2 Esslöffel Erdnussueleg (Erdnuss).

100 g Pouletbrust, geschnidden

100 g Bambusscheiss, geschnidden

250 ml / 8 fl oz / 1 Taass Fëschbouillon

15 ml / 1 EL Rais Wäin oder dréchen Sherry

5 ml / 1 Teelöffel Zocker

2,5 ml / ¬Ω Teelöffel Salz

15 ml / 1 Esslöffel Mais Miel (Maisstärke)

45 ml / 3 Esslöffel Waasser

Drain a schneiden d'Abalone, reservéiert de Jus. Ueleg erhëtzen an de Poulet braten bis brong. Füügt d'Abalone a Bambusscheiss a frittéiert fir 1 Minutt. D'Abaloneflëssegkeet, Bouillon, Wäin oder Sherry, Zocker a Salz derbäisetzen, opkachen a 2 Minutten kachen. Mix d'Maismeal a Waasser an eng Paste a simmer, réieren, bis d'Sauce hell a verdickt ass. Serve direkt.

Abalone mat Spargelen

Servéiert 4

10 gedréchent chinesesch Champignonen

30 ml / 2 Esslöffel Erdnussueleg (Erdnuss).

15 ml / 1 Esslöffel Waasser

225 g Spargelen

2,5 ml / ¬Ω Teelöffel Fëschzooss

15 ml / 1 Esslöffel Mais Miel (Maisstärke)

225 g / 8 oz Konserven Abalone, geschnidden

60 ml / 4 Esslöffel Bouillon

¬Ω kleng Muert, geschnidden

5 ml / 1 TL Sojazooss

5 ml / 1 TL Austerzooss

5 ml / 1 TL Reis Wäin oder dréchen Sherry

Soak de Champignonen am waarme Waasser fir 30 Minutten, dann drainéieren. Stämme wegwerfen. Heizen 15 ml / 1 Esslöffel Ueleg mat Waasser a frittéiert d'Champignonkapsele fir 10 Minutten. Mëttlerweil kachen de Spargelen a kochendem Waasser mat Fëschzooss an 1 TL/5 ml Maisstärke bis mëll. Loosst se gutt drainéieren a setzen se an eng waarm Form mam Schwamm. Halt se waarm. De reschtlechen Ueleg erhëtzen an d'Abalone fir e puer Sekonnen frittéieren, dann de Bouillon, Muert, Sojazooss, Austerzooss, Wäin oder Sherry a verbleiwen Maisstärke derbäi. Kachen fir ongeféier 5 Minutten bis gekacht, dann de Spargel derbäi a servéieren.

Abalone mat Champignonen

Servéiert 4

6 gedréchent chinesesch Champignonen

400 g Konserven Abalone

45 ml / 3 Esslöffel Erdnussueleg (Erdnuss).

2,5 ml / ¬Ω Teelöffel Salz

15 ml / 1 EL Rais Wäin oder dréchen Sherry

3 Frühstücks Zwiebelen (Scalions), déck geschnidden

Soak de Champignonen am waarme Waasser fir 30 Minutten, dann drainéieren. Huelt d'Stämm a schneiden d'Toppen of. Drain a schneiden d'Abalone, reservéiert de Jus. Den Ueleg erhëtzen an d'Salz an d'Pilze fir 2 Minutten frittéieren. D'Abaloneflëssegkeet an d'Sherry derbäisetzen, zum Kachen bréngen, iwwerdecken a 3 Minutten simmeren. Füügt d'Abalone an d'Fréijoerszwiebel a simmer bis se duerchhëtzt. Serve direkt.

Abalone mat Austerzooss

Servéiert 4

400 g Konserven Abalone

15 ml / 1 Esslöffel Mais Miel (Maisstärke)

15 ml / 1 Esslöffel Sojazooss

45 ml / 3 Esslöffel Austerzooss

30 ml / 2 Esslöffel Erdnussueleg (Erdnuss).

50 g gehackt geféimmt Ham

Eidel d'Dosis Abalone a reservéiert 90 ml / 6 Esslöffel Flëssegkeet. Mix dëst mat Maisstärke, Soja an Austerzooss. Den Ueleg erhëtzen an den drainéierten Abalone fir 1 Minute frittéieren. Füügt d'Zoossmëschung a simmer, réieren, bis waarm, ongeféier 1 Minutt. Transfert an eng waarm Schossel a servéiert mat Ham garnéiert.

gedämpften Muschelen

Servéiert 4

24 Muschelen

D'Muschelen gutt botzen a se e puer Stonnen am gesalzene Waasser drénken. Spülen ënner fléissendem Waasser a setzen se op eng déif Teller. Plaz op engem Rack an engem Dampfer, iwwerdeckt a dampt am kachendem Waasser fir ongeféier 10 Minutten bis all d'Muskelen opgemaach hunn. Entlooss déi, déi zou bleiwen. Serve mat Zoossen.

Muschelen mat Bounen Sprossen

Servéiert 4

24 Muschelen

15 ml / 1 Esslöffel Erdnussueleg (Erdnuss).

150 g Bounen Sprossen

1 gréng Peffer, a Sträifen geschnidden

2 Frühstücks Zwiebelen (Scalions), gehackt

15 ml / 1 EL Rais Wäin oder dréchen Sherry

Salz a frësch gemalen Peffer

2,5 ml / ¬Ω Teelöffel Sesamöl

50 g gehackt gefëmmt Ham

D'Muschelen gutt botzen a se e puer Stonnen am gesalzene Waasser drénken. Spülen ënner fléissendem Waasser. Kachen eng Pan mat Waasser, fügen d'Muschelen derbäi a kuken fir e puer Minutten bis se opmaachen. Eidel a verwerfen déi, déi zou bleiwen. Muschelen aus de Muschelen erofhuelen.

Den Ueleg erhëtzen an d'Bounen Sprossen fir 1 Minutt ubroden. Paprika a Fréijoër Ënn dobäi ginn a 2 Minutten frittéieren. De Wäin oder de Sherry derbäisetzen a mat Salz a Peffer würzen. Hëtzt, da réieren an d'Muskelen a werfen bis gutt gemëscht a piping waarm. Transfert op eng waarm Teller a servéiert mat Sesamöl an Ham besprengt.

Muschelen mat Ingwer a Knuewel

Servéiert 4

24 Muschelen

15 ml / 1 Esslöffel Erdnussueleg (Erdnuss).

2 Scheiwen Ingwer, gehackt

2 Knuewelek, gehackt

15 ml / 1 Esslöffel Waasser

5 ml / 1 TL Sesamöl

Salz a frësch gemalen Peffer

D'Muschelen gutt botzen a se e puer Stonnen am gesalzene Waasser drénken. Spülen ënner fléissendem Waasser. Den Ueleg erwiermen an den Ingwer an de Knuewel 30 Sekonnen frittéieren. Muschelen, Waasser a Sesamöl derbäisetzen, iwwerdecken a fir ongeféier 5 Minutten kachen bis d'Muschelen opmaachen. Entlooss déi, déi zou bleiwen. liicht mat Salz a Peffer würzen an direkt servéieren.

gesoot Muschelen

Servéiert 4

24 Muschelen

60 ml / 4 Esslöffel Erdnussueleg (Erdnuss).

4 Knuewelek, gehackt

1 gehackte Zwiebel

2,5 ml / ¬Ω Teelöffel Salz

D'Muschelen gutt botzen a se e puer Stonnen am gesalzene Waasser drénken. Spülen ënner fléissendem Waasser an dann dréchen. Den Ueleg erhëtzen an de Knuewel, Zwiebel a Salz frittéieren bis et mëll ass. Füügt d'Muskelen, iwwerdeckt a simmer fir ongeféier 5 Minutten bis all d'Muschelen opgemaach hunn. Entlooss déi, déi zou bleiwen. Fritt sanft fir eng weider 1 Minutt, Pinsel mat Ueleg.

Krab Kuch

Servéiert 4

225 g Bounen Sprossen

60 ml / 4 Esslöffel Erdnussueleg 100 g / 4 oz Bambusscheiss, a Sträifen geschnidden

1 gehackte Zwiebel

225 g Crabmeat, a Flakelen

4 Eeër, liicht geschloen

15 ml / 1 Esslöffel Mais Miel (Maisstärke)

30 ml / 2 Esslöffel Sojazooss

Salz a frësch gemalen Peffer

Blanchéiert d'Bounen Sprossen a kochendem Waasser fir 4 Minutten a drainéiert. D'Halschent vum Ueleg erhëtzen a Bounen

Sprossen, Bambusscheiss an Zwiebelen bis mëll frittéieren. Huelt vun der Hëtzt an füügt all aner Zutaten ausser Ueleg derbäi. De Rescht Ueleg an enger propperer Bratpfanne erhëtzen a mat engem Läffel d'Krabbefleeschmëschung frittéiert fir kleng Kuchen ze maachen. Fritt bis gëllenbraun op béide Säiten, servéiert dann direkt.

Krab Crème

Servéiert 4

225 g Krab

5 geschlagen Eeër

1 Fréijoer Ënn (Shallot), fein gehackt

250 ml / 8 fl oz / 1 Coupe Waasser

5 ml / 1 Teelöffel Salz

5 ml / 1 TL Sesamöl

Mix all Zutaten gutt. Plaz an enger Schossel, iwwerdeckt a setzt op d'Spëtzt vum Duebelkessel iwwer waarmt Waasser oder op engem Dampfrack. Damp fir ongeféier 35 Minutten bis Dir eng Crème kritt, heiansdo réieren. Serve mat Rais.

Chinese Krab Fleesch mat Blieder

Servéiert 4

450 g / 1 Pound Chinesesch Blieder, zerräissen

45 ml / 3 Esslöffel Geméis Ueleg

2 Frühstücks Zwiebelen (Scalions), gehackt

225 g Krab

15 ml / 1 Esslöffel Sojazooss

15 ml / 1 EL Rais Wäin oder dréchen Sherry

5 ml / 1 Teelöffel Salz

Blanchéieren d'Chinesesch Blieder am kochendem Waasser fir 2 Minutten, gutt drainéieren a mat kale Waasser spülen. Den Ueleg erhëtzen an d'Fréijoerszweil bis gëllenbraun frittéieren. D'Krabbefleesch derbäisetzen an 2 Minutten frittéieren. D'Chinesesch Blieder derbäisetzen a 4 Minutten frittéieren.

Sojazooss, Wäin oder Sherry a Salz addéieren a gutt mëschen. Bréngt Bouillon a Maisstärke derbäi, bréngt e Kachen a simmer, réieren, fir 2 Minutten bis d'Sauce opgeléist a verdickt ass.

Foo Yung Krab mat Bounen Sprossen

Servéiert 4

6 geschlagen Eeër

45 ml / 3 Esslöffel Mais Miel (Maisstärke)

225 g Krab

100 g Bounen Sprossen

2 Frühstücks Zwiebelen (Scalions), fein gehackt

2,5 ml / ¬Ω Teelöffel Salz

45 ml / 3 Esslöffel Erdnussueleg (Erdnuss).

D'Eeër schloen an dann de Maisstärke schloen. Mix all aner Zutaten ausser Ueleg. Den Ueleg erhëtzen an d'Mëschung e bësse gläichzäiteg an d'Pan schëdden fir kleng Pancakes vun ongeféier 7,5 cm Duerchmiesser ze maachen. Fritt bis gëllenbraun um Buedem, da flippt a brong déi aner Säit.

Ingwer Krab

Servéiert 4

15 ml / 1 Esslöffel Erdnussueleg (Erdnuss).

2 Scheiwen Ingwer, gehackt

4 Frühstücks Zwiebelen (Scalions), gehackt

3 Knuewelekszéiwen, gehackt

1 roude Chili gehackt

350 g Crabmeat, a Flakelen

2,5 ml / ¬Ω Teelöffel Fëschpaste

2,5 ml / ¬Ω Teelöffel Sesamöl

15 ml / 1 EL Rais Wäin oder dréchen Sherry

5 ml / 1 TL Mais Miel (Maisstärke)

15 ml / 1 Esslöffel Waasser

Den Ueleg erhëtzen an den Ingwer, Fréijoerszwiebel, Knuewel an Chili 2 Minutten frittéieren. Füügt d'Krabbefleesch a werfen bis gutt mat Gewierzer beschichtet. Fügt d'Fëschpaste derbäi. De Rescht vun den Zutaten an eng Paste vermëschen, dann an d'Pan schëdden a fir 1 Minutt frittéieren. Serve direkt.

Krab Lo Mein

Servéiert 4

100 g Bounen Sprossen

30 ml / 2 Esslöffel Erdnussueleg (Erdnuss).

5 ml / 1 Teelöffel Salz

1 Zwiebel, geschnidden

100 g Champignonen, geschnidden

225 g Crabmeat, a Flakelen

100 g Bambusscheiss, geschnidden

Opgehuewe Nuddelen

30 ml / 2 Esslöffel Sojazooss

5 ml / 1 Teelöffel Zocker

5 ml / 1 TL Sesamöl

Salz a frësch gemalen Peffer

Blanchéiert d'Bounen Sprossen a kochendem Waasser fir 5 Minutten a drainéiert. Den Ueleg erhëtzen an d'Salz an d'Zwiebel frittéieren bis et mëll ass. Champignonen derbäisetzen a frittéieren bis se erweicht sinn. D'Krabbefleesch derbäisetzen an 2 Minutten frittéieren. Füügt Bounen Sprossen a Bambusscheiss a frittéiert fir 1 Minutt. Füügt déi drainéiert Nuddelen an d'Bratpfanne a réieren sanft. Soja, Zocker a Sesamöl vermëschen a mat Salz a Peffer wierzen. Stir an der Bratpfanne bis waarm.

Sautéed Krab mat Schwäin

Servéiert 4

30 ml / 2 Esslöffel Erdnussueleg (Erdnuss).

100 g Schweinefleesch (Buedem).

350 g Crabmeat, a Flakelen

2 Scheiwen Ingwer, gehackt

2 Eeër, liicht geschloen

15 ml / 1 Esslöffel Sojazooss

15 ml / 1 EL Rais Wäin oder dréchen Sherry

30 ml / 2 Esslöffel Waasser

Salz a frësch gemalen Peffer

4 Frühstückszwiebelen (Scalions), a Sträifen geschnidden

Den Ueleg erhëtzen an d'Schweinefleesch braten bis liicht brong. D'Krabbefleesch an den Ingwer derbäisetzen a 1 Minutt frittéieren. Mix d'Eeër. Sojazooss, Wäin oder Sherry, Waasser,

Salz a Peffer addéieren a réieren fir ongeféier 4 Minutten. Serve garnéiert mat Schnéi.

Sautéed Krab Fleesch

Servéiert 4

30 ml / 2 Esslöffel Erdnussueleg (Erdnuss).

450 g Crabmeat, a Flakelen

2 Frühstücks Zwiebelen (Scalions), gehackt

2 Scheiwen Ingwer, gehackt

30 ml / 2 Esslöffel Sojazooss

30 ml / 2 Esslöffel Reiswäin oder dréchen Sherry

2,5 ml / ¬Ω Teelöffel Salz

15 ml / 1 Esslöffel Mais Miel (Maisstärke)

60 ml / 4 Esslöffel Waasser

Den Ueleg erhëtzen an d'Krabbefleesch, d'Fréijoerszweil an den Ingwer fir 1 Minutt frittéieren. Sojazooss, Wäin oder Sherry a Salz addéieren, iwwerdecken a 3 Minutten simmeren. Stir a

Maismiel a Waasser bis eng Paste formt, réieren an d'Spanne a simmer, réieren, bis d'Sauce kläert a verdickt.

Gegrillte Squid Fleeschbäll

Servéiert 4

450 g squid

50 g zerquetscht Fett

1 Ee wäiss

2,5 ml / ¬Ω Teelöffel Zocker

2,5 ml / ¬Ω Teelöffel Mais (Maisstärke)

Salz a frësch gemalen Peffer

frittéiert Ueleg

Botzen de Squid a schleifen oder reduzéieren zu Pulp. Mat Fett, Eeër, Zocker a Maisstärke vermëschen a mat Salz a Peffer wierzen. Dréckt d'Mëschung a Kugelen. Den Ueleg erhëtzen a frittéiert d'Tëntfleeschkugelen, eventuell a Stécker, bis se am Ueleg schwammen a gëllenbraun ginn. Gutt drainéieren an direkt servéieren.

Kantonesesch Hummer

Servéiert 4

2 Hummer

30 ml / 2 Esslöffel Ueleg

15 ml / 1 Esslöffel schwaarz Bounenzooss

1 Knuewelek, zerquetscht

1 gehackte Zwiebel

225 g Schweinefleesch (Buedem).

45 ml / 3 Esslöffel Sojazooss

5 ml / 1 Teelöffel Zocker

Salz a frësch gemalen Peffer

15 ml / 1 Esslöffel Mais Miel (Maisstärke)

75 ml / 5 Esslöffel Waasser

1 geschloen Ee

Hummer zerbriechen, Fleesch erofhuelen an an 1 Zoll Kubel schneiden. Hëtzt Ueleg a frittéiert schwaarz Bounenzooss,

Knuewel an Zwiebel bis gëllenbraun. De Schweinefleesch derbäisetzen a bis gëllenbraun frittéieren. Sojazooss, Zocker, Salz, Peffer an Hummer addéieren, iwwerdecken a fir ongeféier 10 Minutten kachen. D'Maismeal a Waasser zu enger Paste vermëschen, an d'Pan réieren a simmer, réieren, bis d'Zooss kloer a verdickt. Maacht d'Hëtzt aus a füügt d'Ee virum Déngscht derbäi.

frittéiert Homard

Servéiert 4

450 g Hummer Fleesch

30 ml / 2 Esslöffel Sojazooss

5 ml / 1 Teelöffel Zocker

1 geschloen Ee

30 ml / 3 Esslöffel Miel (fir all Gebrauch).

frittéiert Ueleg

Hummer Fleesch an 1-Zoll Wierfel schneiden a mat Sojazooss an Zocker würzen. Loosst fir 15 Minutten a drainéieren. D'Ee an d'Miel zesummen schloen, dann den Hummer derbäisetzen a gutt mëschen fir ze beschichten. Den Ueleg erhëtzen an den Hummer bis gëllenbraun frittéieren. Drain op Pabeierhandtücher virum Déngscht.

Dämpft Hummer mat Ham

Servéiert 4

4 Eeër, liicht geschloen

60 ml / 4 Esslöffel Waasser

5 ml / 1 Teelöffel Salz

15 ml / 1 Esslöffel Sojazooss

450 g Hummer Fleesch, a Flakelen

15 ml / 1 Esslöffel gehackt gefëmmt Ham

15 ml / 1 Esslöffel gehackt frësch Petersilie

D'Eeër mat Waasser, Salz a Soja schloën. Gitt an eng Nonstick Schossel a sprëtzen iwwer den Hummerfleesch. Setzt d'Schuel op engem Rack an engem Dampfer, iwwerdecken a dampen fir 20 Minutten bis d'Eeër gesat ginn. Serve garnéiert mat Ham a Petersilie.

Hummer mat Champignonen

Servéiert 4

450 g Hummer Fleesch

15 ml / 1 Esslöffel Mais Miel (Maisstärke)

60 ml / 4 Esslöffel Waasser

30 ml / 2 Esslöffel Erdnussueleg (Erdnuss).

4 Frühstückszwiebelen (Scalions), déck geschnidden

100 g Champignonen, geschnidden

2,5 ml / ¬Ω Teelöffel Salz

1 Knuewelek, zerquetscht

30 ml / 2 Esslöffel Sojazooss

15 ml / 1 EL Rais Wäin oder dréchen Sherry

Hummerfleesch an 2,5 cm Wierfel schneiden. Mix d'Maismeal a Waasser bis Dir eng Paste kritt a füügt d'Hummerwürfel un d'Mëschung fir se ze beschichten. D'Hallschent vum Ueleg erhëtzen an d'Hummerwürfel frittéieren bis liicht brong sinn, aus der Pan eraushuelen. De Rescht vum Ueleg erhëtzen an de Fréijoerszwou bis gëllen brong frittéieren. D'Champignonen derbäisetzen an 3 Minutten frittéieren. Salz, Knuewelek, Sojazooss a Wäin oder Sherry derbäisetzen an 2 Minutten frittéieren. Hummer zréck an d'Bratpfanne a fritt bis waarm.

Hummer Schwänz mat Schwäin

Servéiert 4

3 gedréchent chinesesch Champignonen

4 Hummer Schwänz

60 ml / 4 Esslöffel Erdnussueleg (Erdnuss).

100 g Schweinefleesch (Buedem).

50 g Waasser Kastanien, fein gehackt

Salz a frësch gemalen Peffer

2 Knuewelek, gehackt

45 ml / 3 Esslöffel Sojazooss

30 ml / 2 Esslöffel Reiswäin oder dréchen Sherry

30 ml / 2 Esslöffel schwaarz Bounenzooss

10 ml / 2 Esslöffel Mais Miel (Maisstärke)

120 ml / 4 fl oz / ¬Ω Taass Waasser

Soak de Champignonen am waarme Waasser fir 30 Minutten, dann drainéieren. Huelt d'Stämm a schneiden d'Kappen. Hummer Schwänz an der Halschent Längt geschnidden. Ewechzehuelen

Fleesch aus Hummer Schwänz, Reservéiert Muschelen. D'Halschent vum Ueleg erhëtzen an d'Schweinefleesch frittéieren bis et brong ass. Vun der Hëtzt erofhuelen a Champignonen, Hummerfleesch, Waasserkastanen, Salz a Peffer derbäi ginn. D'Fleesch an der Hummerschuel zoumaachen an op engem Teller leeën. Plaz op Rack an engem Dampfer, iwwerdeckt a damp fir ongeféier 20 Minutten bis gekacht. Mëttlerweil Hëtzt de Rescht Ueleg a frittéiert de Knuewelek, Sojazooss, Wäin/Sherry a schwaarz Bounenzooss fir 2 Minutten. Mais Mais a Waasser vermëschen, bis Dir en Teig kritt, an d'Bratpfanne rühren a beim Rühren réieren bis d'Sauce verdickt. Den Hummer an e waarme Plat leeën, d'Zooss driwwer schëdden an direkt servéieren.

sautéed Homard

Servéiert 4

450g / 1lb Hummer Schwänz

30 ml / 2 Esslöffel Erdnussueleg (Erdnuss).

1 Knuewelek, zerquetscht

2,5 ml / ¬Ω Teelöffel Salz

350 g Bounen Sprossen

50 g Champignonen

4 Frühstückszwiebelen (Scalions), déck geschnidden

150 ml / ¬º pt / vill ¬Ω Coupe Poulet Bouillon

15 ml / 1 Esslöffel Mais Miel (Maisstärke)

Waasser an engem Kasseroll kachen, d'Hummerschwänz derbäisetzen a 1 Minutt kachen. Drainéieren, killen, d'Haut erofhuelen an an décke Scheiwen schneiden. Den Ueleg mam Knuewel a Salz erhëtzen a braten bis de Knuewel liicht gëllen ass. Hummer addéieren a 1 Minutt frittéieren. Bounen Sprossen a Champignonen addéieren a fir 1 Minutt frittéieren. Füügt d'Fréijoerszwebel. De gréissten Deel vum Bouillon derbäisetzen, e Kachen bréngen, iwwerdecken a 3 Minutten daueren. Mix de Maisstärke mat der reschtlecher Bouillon, schëdden se an d'Bratpfanne a simmer, réieren, bis d'Zooss kloer a verdickt.

Hummer Nascht

Servéiert 4

30 ml / 2 Esslöffel Erdnussueleg (Erdnuss).

5 ml / 1 Teelöffel Salz

1 Zwiebel, dënn geschnidden

100 g Champignonen, geschnidden

100g Bambusscheiss, geschnidden 225g gekachten Hummerfleesch

15 ml / 1 EL Rais Wäin oder dréchen Sherry

120 ml / 4 fl oz / ¬Ω Coupe Poulet Bouillon

eng Prise frësch gemalen Peffer

10 ml / 2 Teaspoen Mais Miel (Maisstärke)

15 ml / 1 Esslöffel Waasser

4 Kuerf Nuddelen

Den Ueleg erhëtzen an d'Salz an d'Zwiebel frittéieren bis et mëll ass. D'Champignonen an de Bambusscheiss derbäisetzen an 2

Minutten frittéieren. Hummerfleesch, Wäin oder Sherry a Bouillon dobäiginn, opkachen, iwwerdecken a 2 Minutten daueren. Saison mat Peffer. D'Maismeal a Waasser zu enger Paste vermëschen, an d'Pan réieren a simmer, réieren, bis d'Sauce verdickt. Setzt d'Nuddelennest op enger waarmer Déngschtplack a garnéiert mat dem gesauten Hummer.

Muschelen an schwaarz Bounenzooss

Servéiert 4

45 ml / 3 Esslöffel Erdnussueleg (Erdnuss).

2 Knuewelek, gehackt

2 Scheiwen Ingwer, gehackt

30 ml / 2 Esslöffel schwaarz Bounenzooss

15 ml / 1 Esslöffel Sojazooss

1,5 kg Muschelen, gewaschen a baart

2 Frühstücks Zwiebelen (Scalions), gehackt

Den Ueleg erwiermen an de Knuewel an den Ingwer fir 30 Sekonnen frittéieren. Füügt d'Schwaarz Bounenzooss an d'Sojazooss derbäi a réieren fir 10 Sekonnen. Muschelen derbäisetzen, iwwerdecken a fir ongeféier 6 Minutten kachen bis d'Muschelen opmaachen. Entlooss déi, déi zou bleiwen. Transfert op eng waarm Teller a servéiert mat Schnéi gesprëtzt.

Muschelen mat Ingwer

Servéiert 4

45 ml / 3 Esslöffel Erdnussueleg (Erdnuss).

2 Knuewelek, gehackt

4 Scheiwen Ingwerwurzel, gehackt

1,5 kg Muschelen, gewaschen a baart

45 ml / 3 Esslöffel Waasser

15 ml / 1 Esslöffel Austerzooss

Den Ueleg erwiermen an de Knuewel an den Ingwer fir 30 Sekonnen frittéieren. Muschelen a Waasser dobäiginn, iwwerdecken a fir ongeféier 6 Minutten kachen bis d'Muschelen opmaachen. Entlooss déi, déi zou bleiwen. Transfert op e waarme Portiounsplat a servéiert mat Austerzooss bestrooft.

Gedampte Muschelen

Servéiert 4

1,5 kg Muschelen, gewaschen a baart

45 ml / 3 Esslöffel Sojazooss

3 Frühstücks Zwiebelen, fein gehackt

D'Muschelen op engem Rack an engem Dampfer leeën, iwwerdecken an ongeféier 10 Minutten am kache Waasser dampen bis all d'Muschelen opgemaach hunn. Entlooss déi, déi zou bleiwen. Transfert op e waarme Portiounsplat a servéiert mat Soja a gréngen Zwiebelen.

frittéiert Austern

Servéiert 4

24 oysters, shucked

Salz a frësch gemalen Peffer

1 geschloen Ee

50 g / 2 oz / ¬Ω Coupe Allzweck Miel.

250 ml / 8 fl oz / 1 Coupe Waasser

frittéiert Ueleg

4 Frühstücks Zwiebelen (Scalions), gehackt

D'Austern mat Salz a Peffer sprëtzen. D'Ee mat der Miel a Waasser schloën bis Dir en Teig kritt a benotzt et fir d'Austern ze beschichten. Den Ueleg erhëtzen an d'Austern gëllenbraun frittéieren. Drain op Pabeierhandtücher a servéiert garnéiert mat Fréijoerszwiebel.

Auster mat Speck

Servéiert 4

175 g Speck

24 oysters, shucked

1 Ee, liicht geschloen

15 ml / 1 Esslöffel Waasser

45 ml / 3 Esslöffel Erdnussueleg (Erdnuss).

2 Zwiebelen, gehackt

15 ml / 1 Esslöffel Mais Miel (Maisstärke)

15 ml / 1 Esslöffel Sojazooss

90 ml / 6 Esslöffel Poulet Bouillon

De Speck a Stécker schneiden an e Stéck ëm all Auster wickelen. Schloe d'Ee mam Waasser, daucht et dann an d'Austern fir ze beschichten. D'Halschent vum Ueleg erhëtzen an d'Austern op béide Säiten bis gëllen frittéieren, se dann aus der Pan huelen an d'Fett drainéieren. De Rescht vum Ueleg erhëtzen an d'Zwiebel bis mëll frittéieren. D'Maisstärke, d'Soja an d'Bouillon zu enger Paste vermëschen, an d'Bratpfanne schëdden a simmer, réieren, bis d'Zooss kloer a verdickt. D'Austern iwwergoen an direkt servéieren.

Fritten Austern mat Ingwer

Servéiert 4

24 oysters, shucked

2 Scheiwen Ingwer, gehackt

30 ml / 2 Esslöffel Sojazooss

15 ml / 1 EL Rais Wäin oder dréchen Sherry

4 Frühstückszwiebelen (Scalions), a Sträifen geschnidden

100 g Speck

1 ei

50 g / 2 oz / ¬Ω Coupe Allzweck Miel.

Salz a frësch gemalen Peffer

frittéiert Ueleg

1 Zitroun, a Scheiwen geschnidden

Huelt d'Austern an eng Schossel mam Ingwer, Sojazooss a Wäin oder Sherry a gutt réieren. Loosst fir 30 Minutten. Plaz op all Auster e puer Sträifen Fréijoerszwiebel. De Speck a Stécker schneiden an e Stéck ëm all Auster wickelen. Eeër a Miel zu engem Teig schloen a mat Salz a Peffer würzen. Taucht d'Austern am Teig bis gutt beschichtet. Den Ueleg erhëtzen an d'Austern gëllenbraun frittéieren. Serve garnéiert mat Zitroun Scheiwen.

Austern mat schwaarz Bounenzooss

Servéiert 4

350 g Austern ouni Muschelen

120 ml / 4 fl oz / ¬Ω Coupe Erdnussueleg (Erdnuss).

2 Knuewelek, gehackt

3 Frühstücks Zwiebelen (Scalions), geschnidden

15 ml / 1 Esslöffel schwaarz Bounenzooss

30 ml / 2 Esslöffel donkel Sojazooss

15 ml / 1 Esslöffel Sesamöl

eng Prise Chili Pudder

Blanchéieren d'Austern am kochendem Waasser fir 30 Sekonnen a drainéieren. Den Ueleg erhëtzen an de Knuewel an d'Fréijoerszwiebel 30 Sekonnen frittéieren. Schwaarz Bounenzooss, Sojazooss, Sesamöl an Austern derbäisetzen a mat Chili-Pulver würzen. Fritt bis waarm a servéiert direkt.

Jakobsmuschelen mat Bambusscheiss

Servéiert 4

60 ml / 4 Esslöffel Erdnussueleg (Erdnuss).

6 Frühstücks Zwiebelen, gehackt

225 g Champignonen, quartéiert

15 ml / 1 Esslöffel Zocker

450 g geschälte Jakobsmuschelen

2 Scheiwen Ingwer, gehackt

225 g Bambusscheiss, geschnidden

Salz a frësch gemalen Peffer

300 ml / ¬Ω pt / 1 ¬ ° Taass Waasser

30 ml / 2 Esslöffel Esseg

30 ml / 2 Esslöffel Mais Miel (Maisstärke)

150 ml / ¬° pt / vill ¬Ω Taass Waasser

45 ml / 3 Esslöffel Sojazooss

Den Ueleg erhëtzen an d'Fréijoerszwiebel an d'Champignonen 2 Minutten frittéieren. Zocker, Jakobsmuschelen, Ingwer, Bambusscheiss, Salz a Peffer addéieren, iwwerdecken a fir 5 Minutten kachen. Waasser an Esseg derbäisetzen, zum Kachen bréngen, iwwerdecken a 5 Minutten simmeren. D'Maismeal a Waasser zu enger Paste vermëschen, an d'Pan réieren a simmer, réieren, bis d'Sauce verdickt. Dréckt iwwer Sojazooss a servéiert.

Pilger mat Eeër

Servéiert 4

45 ml / 3 Esslöffel Erdnussueleg (Erdnuss).

350 g geschuelte Jakobsmuschelen

25 g gehackt gefëmmt Ham

30 ml / 2 Esslöffel Reiswäin oder dréchen Sherry

5 ml / 1 Teelöffel Zocker

2,5 ml / ¬Ω Teelöffel Salz

eng Prise frësch gemalen Peffer

2 Eeër, liicht geschloen

15 ml / 1 Esslöffel Sojazooss

Den Ueleg erhëtzen an d'Jakobsmuschelen fir 30 Sekonnen frittéieren. Schinken derbäisetzen a 1 Minutt frittéieren. Wäin oder Sherry, Zocker, Salz a Peffer derbäisetzen a 1 Minutt ubroden. D'Eeër derbäisetzen a liicht iwwer héich Hëtzt mëschen bis d'Ingredienten gutt mam Ee beschichtet sinn. Serve mat Sojazooss gesprëtzt.

Jakobsmuschelen mat Broccoli

Servéiert 4

350 g Jakobsmuschelen, geschnidden

3 Scheiwen Ingwerwurzel, gehackt

¬Ω kleng Muert, geschnidden

1 Knuewelek, zerquetscht

45 ml / 3 Esslöffel Miel (fir all Gebrauch).

2,5 ml / ¬Ω Teelöffel Bakpulver (Bakpulver)

30 ml / 2 Esslöffel Erdnussueleg (Erdnuss).

15 ml / 1 Esslöffel Waasser

1 Bananen, geschnidden

frittéiert Ueleg

275 g Broccoli

Salz

5 ml / 1 TL Sesamöl

2,5 ml / ¬Ω Teelöffel waarm Zooss

2,5 ml / ¬Ω Teelöffel Esseg

2,5 ml / ¬Ω Teelöffel Tomatenpurée √ © e (Nuddelen)

D'Jakobsmuschelen mat Ingwer, Muert a Knuewel vermëschen a stoe loossen. D'Miel, d'Bakpulver, 15 ml/1 EL Ueleg a Waasser zu engem Teig vermëschen a benotzt fir d'Bananenscheiwen ze decken. Den Ueleg erhëtzen an d'Planz bis gëllen brong frittéieren, drainéieren a ronderëm eng waarm Pan setzen. Mëttlerweil kachen de Broccoli a kochendem gesalzene Waasser bis mëll a drainéiert. De reschtlechen Ueleg mam Sesamöl erhëtzen an de Broccoli kuerz frittéieren, se dann ëm den Teller mat de Plantainen arrangéieren. Chili Zooss, Esseg an Tomatenpurée an d'Bratpfanne addéieren a Jakobsmuschelen frittéieren bis se gekacht sinn. Gitt op eng Déngschtplat an servéiert direkt.

Pilger mat Ingwer

Servéiert 4

45 ml / 3 Esslöffel Erdnussueleg (Erdnuss).

2,5 ml / ¬Ω Teelöffel Salz

3 Scheiwen Ingwerwurzel, gehackt

2 Frühstückszwiebelen (Scalions), déck geschnidden

450 g geschuelte Jakobsmuschelen, halbéiert

15 ml / 1 Esslöffel Mais Miel (Maisstärke)

60 ml / 4 Esslöffel Waasser

Den Ueleg erhëtzen an d'Salz an den Ingwer fir 30 Sekonnen frittéieren. Schnéi derbäi a frittéiert bis gëllenbraun. D'Jakobsmuschelen derbäisetzen an 3 Minutten frittéieren. Mais Mais a Waasser an en Teig vermëschen, an d'Pan addéieren an iwwer niddereg Hëtzt kachen, réieren, bis déck. Serve direkt.

Jakobsmuschel mat Ham

Servéiert 4

450 g geschuelte Jakobsmuschelen, halbéiert

250 ml / 8 fl oz / 1 Coupe Reis Wäin oder dréchen Sherry

1 Zwiebel, fein gehackt

2 Scheiwen Ingwer, gehackt

2,5 ml / ¬Ω Teelöffel Salz

100 g gehackt gefémmt Ham

Setzt d'Jakobsmuschelen an eng Schossel an addéiere de Wäin oder de Sherry. Deckt a marinéiert fir 30 Minutten, dréit heiansdo ëm, dann d'Jakobsmuschelen drainéieren an d'Marinade entloossen. Huelt d'Jakobsmuschelen zesummen mat den aneren Zutaten an engem Uewen. Setzt d'Pan op e Rack an engem Dampfer, iwwerdecken a dampen a kochendem Waasser fir ongeféier 6 Minutten bis d'Jakobsmuschelen mëll sinn.

Eeër mat Jakobsmuschelen a Kraider

Servéiert 4

225 g geschuelte Jakobsmuschelen

30 ml / 2 Esslöffel gehackte frësche Koriander

4 geschlagen Eeër

15 ml / 1 EL Rais Wäin oder dréchen Sherry

Salz a frësch gemalen Peffer

15 ml / 1 Esslöffel Erdnussueleg (Erdnuss).

Setzt d'Jakobsmuschelen an engem Dampfer a dampen fir ongeféier 3 Minutten bis se gekacht sinn, jee no der Gréisst. Huelt aus dem Dampfer a sprëtzen mat Cilantro. D'Eeër mam Wäin oder Sherry schëdden a mat Salz a Peffer würzen. Dobäizemaachen de Jakobsmuschelen an de Koriander. Den Ueleg erhëtzen an d'Eeër-Muschel-Mëschung ubroden, dauernd réieren, bis d'Eeër gesat ginn. Serve direkt.

Gegrillte Jakobsmuschelen an Zwiebelen

Servéiert 4

45 ml / 3 Esslöffel Erdnussueleg (Erdnuss).

1 Zwiebel, geschnidden

450 g geschuelte Jakobsmuschelen, quartéiert

Salz a frësch gemalen Peffer

15 ml / 1 EL Rais Wäin oder dréchen Sherry

Den Ueleg erhëtzen an d'Zwiebel frittéieren bis et mëll ass. Dobäizemaachen d'Jakobsmuschelen a frittéiert bis gëllenbraun. Mat Salz a Peffer würzen, mat Wäin oder Sherry sprëtzen an direkt servéieren.

Pilger mat Geméis

Servéiert 4, Äì6

4 gedréchent Chinesesch Champignonen

2 Zwiebel

30 ml / 2 Esslöffel Erdnussueleg (Erdnuss).

3 Steng Sellerie, diagonal geschnidden

225 g gréng Bounen, diagonal geschnidden

10 ml / 2 Tsp geriwwe Ingwerwurzel

1 Knuewelek, zerquetscht

20 ml / 4 Teaspoen Mais Miel (Maisstärke)

250 ml / 8 fl oz / 1 Coupe Poulet Bouillon

30 ml / 2 Esslöffel Reiswäin oder dréchen Sherry

30 ml / 2 Esslöffel Sojazooss

450 g geschuelte Jakobsmuschelen, quartéiert

6 Frühstücks Zwiebelen (Scalions), geschnidden

425 g / 15 oz Konserven Mais op der Cob

Soak de Champignonen am waarme Waasser fir 30 Minutten, dann drainéieren. Huelt d'Stämm a schneiden d'Toppen of. Den Zwiebel a Scheiwen schneiden an d'Schichten trennen. Den Ueleg erhëtzen an d'Zwiebel, Sellerie, Bounen, Ingwer a Knuewel 3 Minutten frittéieren. De Maisstärke mat e bësse Bouillon vermëschen an de Rescht vun der Bouillon, de Wäin oder de Sherry an d'Sojazooss dobäi ginn. An de Wok derbäisetzen a beim Réieren opkachen. Champignonen, Jakobsmuschelen, Fréijoerszwiebelen a Mais derbäisetzen a fir ongeféier 5 Minutten frittéieren bis d'Jakobsmuschelen mëll sinn.

Pilger mat Paprika

Servéiert 4

30 ml / 2 Esslöffel Erdnussueleg (Erdnuss).

3 Frühstücks Zwiebelen (Scalions), gehackt

1 Knuewelek, zerquetscht

2 Scheiwen Ingwer, gehackt

2 roude Paprika, geschnidden

450 g geschälte Jakobsmuschelen

30 ml / 2 Esslöffel Reiswäin oder dréchen Sherry

15 ml / 1 Esslöffel Sojazooss

15 ml / 1 Esslöffel giel Bounenzooss

5 ml / 1 Teelöffel Zocker

5 ml / 1 TL Sesamöl

Den Ueleg erhëtzen an d'Fréijoerszwiebel, de Knuewel an den Ingwer fir 30 Sekonnen frittéieren. D'Paprika derbäisetzen a 1 Minutt ubroden. D'Jakobsmuschelen derbäisetzen a fir 30 Sekonnen saute loossen, dann déi aner Zutaten derbäisetzen a fir ongeféier 3 Minutten kachen bis d'Jakobsmuschelen mëll sinn.

Octopus mat Bounen Sprossen

Servéiert 4

450 g squid

30 ml / 2 Esslöffel Erdnussueleg (Erdnuss).

15 ml / 1 EL Rais Wäin oder dréchen Sherry

100 g Bounen Sprossen

15 ml / 1 Esslöffel Sojazooss

Salz

1 roude Chili gehackt

2 Scheiwen Ingwer, gehackt

2 Frühstücks Zwiebelen (Scalions), gehackt

Huelt de Kapp, den Darm an d'Membran aus dem Tinte a schneiden a grouss Stécker. Schneid e Kräiz-Muster op all Stéck. Kachen Waasser an enger Pan, fügen Sie d'Squid derbäi a kachen op niddereger Hëtzt bis d'Stécker opgerullt sinn, drainéieren an drainéieren. D'Halschent vum Ueleg erhëtzen a séier d'Tëntfleesch frittéieren. Deglaze mat Wäin oder Sherry. Mëttlerweil, Hëtzt verbleiwen Ueleg a frittéiert Bounen Sprossen bis mëll. Saison mat Sojazooss a Salz. Arrangéiert de Chili, den Ingwer an d'Fréijoerszwiebel ronderëm en Déngschtplat. Setzt d'Bounen Sprossen an der Mëtt an d'Tëntfleesch uewen. Serve direkt.

frittéiert squid

Servéiert 4

50 g einfach Miel (fir all Gebrauch).

25 g / 1 oz / ¬th Coupe Mais (Maisstärke)

2,5 ml / ¬Ω Teelöffel Bakpulver

2,5 ml / ¬Ω Teelöffel Salz

1 ei

75 ml / 5 Esslöffel Waasser

15 ml / 1 Esslöffel Erdnussueleg (Erdnuss).

450 g Squid, a Réng geschnidden

frittéiert Ueleg

Mix Miel, Maisstärke, Bakpulver, Salz, Ee, Waasser an Ueleg an en Teig. Taucht d'Squid am Teig bis gutt beschichtet. Den Ueleg erhëtzen an d'Squid e bëssen gläichzäiteg frittéieren bis gëllenbraun. Drain op Pabeierhandtücher virum Déngscht.

Octopus Verpakung

Servéiert 4

8 gedréchent chinesesch Champignonen

450 g squid

100 g gefëmmt Ham

100 g Tofu

1 geschloen Ee

15 ml / 1 Esslöffel Miel (fir all Gebrauch).

2,5 ml / ¬Ω Teelöffel Zocker

2,5 ml / ¬Ω Teelöffel Sesamöl

Salz a frësch gemalen Peffer

8 wonton skins

frittéiert Ueleg

Soak de Champignonen am waarme Waasser fir 30 Minutten, dann drainéieren. Stämme wegwerfen. Botzen d'Squid a schneiden se an 8 Stécker. D'Ham an den Tofu an 8 Stéck schneiden. Setzt se all an eng Schossel. Mix d'Ee mat Miel, Zocker, Sesamöl, Salz a Peffer. Gitt d'Ingredienten an de Container a mëschen sanft. Plaz e Champignon an e Stéck Tinte, Ham an Tofu just ënner dem Zentrum vun all Wonton Haut. Klappt déi ënnescht Ecke zréck, klappt d'Säiten a rullt dann op, befeucht d'Kante mat Waasser fir ze versiegeln. Den Ueleg erhëtzen an d'Fleeschbäll fir ongeféier 8 Minutten braten bis se gëllenbraun sinn. Gitt gutt virum Déngscht.

Gegrillte Squid Rollen

Servéiert 4

45 ml / 3 Esslöffel Erdnussueleg (Erdnuss).

225 g Kraken Réng

1 grouss gréng Peffer, a Stécker geschnidden

100 g Bambusscheiss, geschnidden

2 Frühstücks Zwiebelen (Scalions), fein gehackt

1 Scheiwen Ingwer, fein gehackt

45 ml / 2 Esslöffel Sojazooss

30 ml / 2 Esslöffel Reiswäin oder dréchen Sherry

15 ml / 1 Esslöffel Mais Miel (Maisstärke)

15 ml / 1 EL Fëschbouillon oder Waasser

5 ml / 1 Teelöffel Zocker

5 ml / 1 TL Esseg

5 ml / 1 TL Sesamöl

Salz a frësch gemalen Peffer

15 ml / 1 Esslöffel Ueleg erhëtzen a séier d'Tëntfleesch frittéieren bis se gutt versiegelt ass. Mëttlerweil hëtzt de Rescht Ueleg an enger separater Pan a fritt d'Pfeffer, de Bambusscheiss, d'Fréijoerzwiebel an den Ingwer fir 2 Minutten. Füügt d'Squid a frittéiert fir 1 Minutt. Kombinéiert Sojazooss, Wäin oder Sherry,

Maisstärke, Bouillon, Zocker, Esseg a Sesamöl a Saison mat Salz a Peffer. Saute bis d'Sauce hell gëtt a verdickt.

sautéed squid

Servéiert 4

45 ml / 3 Esslöffel Erdnussueleg (Erdnuss).

3 Frühstücks Zwiebelen (Scalions), déck geschnidden

2 Scheiwen Ingwer, gehackt

450 g Squid a Stécker geschnidden

15 ml / 1 Esslöffel Sojazooss

15 ml / 1 EL Rais Wäin oder dréchen Sherry

5 ml / 1 TL Mais Miel (Maisstärke)

15 ml / 1 Esslöffel Waasser

Den Ueleg erhëtzen an d'Fréijoerszwiebel an den Ingwer frittéieren, bis se mëll sinn. Füügt d'Squid a frittéiert bis se an Ueleg bedeckt sinn. Sojazooss a Wäin oder Sherry derbäisetzen, iwwerdecken a 2 Minutten daueren. Mix d'Maismeal a Waasser bis Dir en Teig kritt, füügt et an d'Pan a kachen op niddereger Hëtzt, réieren, bis d'Sauce verdickt an d'Squid mëll ass.

Octopus mat gedréchent Champignonen

Servéiert 4

50 g gedréchent chinesesche Pilz

450 g / 1 lb Kraken Réng

45 ml / 3 Esslöffel Erdnussueleg (Erdnuss).

45 ml / 3 Esslöffel Sojazooss

2 Frühstücks Zwiebelen (Scalions), fein gehackt

1 Scheiwen Ingwer, fein gehackt

225g Bambusscheiss, a Sträifen geschnidden

30 ml / 2 Esslöffel Mais Miel (Maisstärke)

150 ml / ¬° pt / gutt ¬Ω Coupe Fëschbouillon

Soak de Champignonen am waarme Waasser fir 30 Minutten, dann drainéieren. Huelt d'Stämm a schneiden d'Toppen of. Blanchéiert d'Squid fir e puer Sekonnen am kochendem Waasser. Den Ueleg erhëtzen, dann d'Champignonen, d'Sojazooss, d'Fréijoerszweil an den Ingwer dobäi ginn an 2 Minutten frittéieren. Füügt d'Squid an de Bambusscheiss a frittéiert fir 2 Minutten. Kombinéiert de Maisstärke a Bouillon a réieren an d'Pan. Simmer iwwer nidderreg Hëtzt, réieren, bis d'Sauce kläert a verdickt.

Kraken mat Geméis

Servéiert 4

45 ml / 3 Esslöffel Erdnussueleg (Erdnuss).

1 Zwiebel, geschnidden

5 ml / 1 Teelöffel Salz

450 g Squid a Stécker geschnidden

100 g Bambusscheiss, geschnidden

2 Steng Sellerie, diagonal geschnidden

60 ml / 4 Esslöffel Poulet Bouillon

5 ml / 1 Teelöffel Zocker

100 g Schnéi Erbsen (Erbsen)

5 ml / 1 TL Mais Miel (Maisstärke)

15 ml / 1 Esslöffel Waasser

Den Ueleg erhëtzen an d'Zwiebel a Salz braten bis gëllenbraun. Füügt d'Squid a frittéiert bis se an Ueleg bedeckt sinn. Füügt Bambusscheiss a Sellerie derbäi a frittéiert fir 3 Minutten. Bouillon an Zocker addéieren, e Kachen bréngen, iwwerdecken a 3 Minutten daueren bis d'Geméis mëll sinn. Füügt déi waarm Zooss. D'Maismeal a Waasser zu enger Paste vermëschen, an d'Pan réieren a simmer, réieren, bis d'Sauce verdickt.

Rëndfleesch mat Anis

Servéiert 4

30 ml / 2 Esslöffel Erdnussueleg (Erdnuss).

450 g / 1 lb Rëndfleesch

1 Knuewelek, zerquetscht

45 ml / 3 Esslöffel Sojazooss

15 ml / 1 Esslöffel Waasser

15 ml / 1 EL Rais Wäin oder dréchen Sherry

5 ml / 1 Teelöffel Salz

5 ml / 1 Teelöffel Zocker

2 Nelken Stärenanis

Den Ueleg erhëtzen an d'Fleesch op alle Säiten gëllenbraun frittéieren. Déi reschtlech Zutaten derbäisetzen, e Kachen bréngen, iwwerdecken a fir ongeféier 45 Minutten kachen, dann d'Fleesch ëmdréinen, e bësse méi Waasser a Sojazooss addéieren, wann d'Fleesch ufänkt ze dréchen. Kachen fir weider 45 Minutten bis d'Fleesch mëll ass. Gitt Staranis virum Déngscht.

Kalbfleesch mat Spargelen

Servéiert 4

450 g Kalbfleesch Schwänz am Wierfel

30 ml / 2 Esslöffel Sojazooss

30 ml / 2 Esslöffel Reiswäin oder dréchen Sherry

45 ml / 3 Esslöffel Mais Miel (Maisstärke)

45 ml / 3 Esslöffel Erdnussueleg (Erdnuss).

5 ml / 1 Teelöffel Salz

1 Knuewelek, zerquetscht

350 g Spargel Tipps

120 ml / 4 fl oz / ¬Ω Coupe Poulet Bouillon

15 ml / 1 Esslöffel Sojazooss

Plaz de Steak an eng Schossel. Sojazooss, Wäin oder Sherry an 30 ml / 2 EL Maisstärke vermëschen, iwwer de Steak schëdden a gutt mixen. Loosst fir 30 Minutten marinéieren. Den Ueleg mat Salz a Knuewel erhëtzen a frittéieren bis de Knuewel liicht brong ass. D'Fleesch an d'Marinade derbäisetzen a 4 Minutten frittéieren. D'Spargel derbäisetzen an 2 Minutten an enger Pan frittéieren. Bouillon a Sojazooss derbäisetzen, opkachen a kachen, réieren, fir 3 Minutten bis d'Fleesch gekacht ass. De Rescht vun der Maisstärke mat e bësse méi Waasser oder

Bouillon vermëschen an an d'Zooss derbäi. Simmer, réieren, fir e puer Minutten, bis d'Sauce hell a verdickt ass.

Rëndfleesch mat Bambusschéissen

Servéiert 4

45 ml / 3 Esslöffel Erdnussueleg (Erdnuss).

1 Knuewelek, zerquetscht

1 Fréijoër Ënnen (Schëlleren), gehackt

1 Scheiwen Ingwer, fein gehackt

225 g mageres Rëndfleesch, a Sträifen geschnidden

100 g Bambusscheiss

45 ml / 3 Esslöffel Sojazooss

15 ml / 1 EL Rais Wäin oder dréchen Sherry

5 ml / 1 TL Mais Miel (Maisstärke)

Den Ueleg erhëtzen an de Knuewel, d'Fréijoerszweil an den Ingwer bis gëllen brong frittéieren. D'Fleesch derbäisetzen a fir 4 Minutte braten bis brong. Füügt d'Bambusscheiss a frittéiert fir 3 Minutten. Sojazooss, Wäin oder Sherry a Maisstärke derbäisetzen a 4 Minutten frittéieren.

Rëndfleesch mat Bambusscheiss a Champignonen

Servéiert 4

225 g mageres Rëndfleesch

45 ml / 3 Esslöffel Erdnussueleg (Erdnuss).

1 Scheiwen Ingwer, fein gehackt

100 g Bambusscheiss, geschnidden

100 g Champignonen, geschnidden

45 ml / 3 Esslöffel Rais Wäin oder dréchen Sherry

5 ml / 1 Teelöffel Zocker

10 ml / 2 TL Sojazooss

Salz a Peffer

120 ml / 4 fl oz / ¬Ω Coupe Rëndfleesch Bouillon

15 ml / 1 Esslöffel Mais Miel (Maisstärke)

30 ml / 2 Esslöffel Waasser

D'Fleesch dënn géint de Kär schneiden. Den Ueleg erhëtzen an den Ingwer e puer Sekonnen frittéieren. D'Fleesch derbäisetzen a braten bis brong. Füügt de Bambusscheiss a Champignonen a frittéiert fir 1 Minutt. Wäin oder Sherry, Zocker a Soja addéieren a mat Salz a Peffer würzen. Bouillon derbäisetzen, e Kachen bréngen, iwwerdecken a fir 3 Minutten simmeren. Kombinéiert

Maisstärke a Waasser, gitt an d'Pan a simmer, réieren, bis d'Sauce verdickt.

Chinesesch gekachten Rëndfleesch

Servéiert 4

45 ml / 3 Esslöffel Erdnussueleg (Erdnuss).

900 g Steak

1 Fréijoer Ënn (Shallot), geschnidden

1 Knuewelek, gehackt

1 Scheiwen Ingwer, fein gehackt

60 ml / 4 Esslöffel Sojazooss

30 ml / 2 Esslöffel Reiswäin oder dréchen Sherry

5 ml / 1 Teelöffel Zocker

5 ml / 1 Teelöffel Salz

Prise Peffer

750 ml / 1° Punkt / 3 Tassen kochendem Waasser

Den Ueleg erhëtzen an d'Fleesch séier op all Säit brong. Füügt d'Fréijoerszwebel, Knuewel, Ingwer, Soja, Wäin oder Sherry, Zocker, Salz a Peffer dobäi. Bréngt e Kachen beim Rühren. Kachen Waasser derbäisetzen, erëm opkachen, réieren, dann iwwerdecken a fir ongeféier 2 Stonnen simmer bis d'Fleesch mëll ass.

Rëndfleesch mat Bounen Sprossen

Servéiert 4

450 g mageres Rëndfleesch, geschnidden

1 Ee wäiss

30 ml / 2 Esslöffel Erdnussueleg (Erdnuss).

15 ml / 1 Esslöffel Mais Miel (Maisstärke)

15 ml / 1 Esslöffel Sojazooss

100 g Bounen Sprossen

25 g / 1 Oz agemaachtent Kabes, gerappt

1 roude Chili gehackt

2 Frühstücks Zwiebelen (Scalions), gehackt

2 Scheiwen Ingwer, gehackt

Salz

5 ml / 1 TL Austerzooss

5 ml / 1 TL Sesamöl

D'Fleesch mam Eewäiss, d'Halschent vum Ueleg, de Maisstärke an d'Soja vermëschen a 30 Minutte rouen loossen. Blanchéiert d'Bounen Sprossen am kochendem Waasser fir ongeféier 8 Minutten bis bal mëll, drainéiert. De Rescht Ueleg erhëtzen an d'Fleesch braten bis brong, dann aus der Pan eraushuelen. Kabes, Chili, Ingwer, Salz, Austernzooss a Sesamöl derbäisetzen an 2 Minutten frittéieren. Bounen Sprossen derbäisetzen a fir 2 Minutten frittéieren. Huelt d'Fleesch zréck an d'Bratpfanne a frittéiert bis gutt gemëscht an duerchgehëtzt. Serve direkt.

Rëndfleesch mat Broccoli

Servéiert 4

1 Pound / 450 g Rëndfleesch Schwanz Schanken, dënn geschnidden

30 ml / 2 Esslöffel Mais Miel (Maisstärke)

15 ml / 1 EL Rais Wäin oder dréchen Sherry

15 ml / 1 Esslöffel Sojazooss

30 ml / 2 Esslöffel Erdnussueleg (Erdnuss).

5 ml / 1 Teelöffel Salz

1 Knuewelek, zerquetscht

225 g / 8 oz Broccoli Blummen

150 ml / ¬° pt / vill ¬Ω Coupe Rëndfleesch Bouillon

Plaz de Steak an eng Schossel. 15 ml / 1 Esslöffel Maisstärke mam Wäin oder Sherry a Sojazooss vermëschen, d'Fleesch derbäisetzen an 30 Minutten marinéieren. Den Ueleg mat Salz a Knuewel erhëtzen a frittéieren bis de Knuewel liicht brong ass. De Steak an d'Marinade derbäisetzen a 4 Minutten frittéieren. De Broccoli derbäisetzen an 3 Minutten frittéieren. Bouillon derbäisetzen, zum Kachen bréngen, iwwerdecken a 5 Minuten daueren bis de Broccoli mëll ass, awer nach knusprech. De Rescht vun der Maisstärke mat e bësse Waasser vermëschen an der Zooss dobäi ginn. Simmer iwwer niddereg Hëtzt, réieren, bis d'Sauce hell gëtt a verdickt.

Sesam Steak mat Broccoli

Servéiert 4

150 g mageres Rëndfleesch, dënn geschnidden

2,5 ml / ¬Ω Teelöffel Austerzooss

5 ml / 1 TL Mais Miel (Maisstärke)

5 ml / 1 TL wäisse Wäin Esseg

60 ml / 4 Esslöffel Erdnussueleg (Erdnuss).

100 g Broccoli Blummen

5 ml / 1 TL Fëschzooss

2,5 ml / ¬Ω Teelöffel Sojazooss

250 ml / 8 fl oz / 1 Coupe Rëndfleesch Bouillon

30 ml / 2 Esslöffel Sesam Somen

Marinat d'Fleesch mat der Austerzooss, 2,5 ml / ¬Ω TL Maisstärke, 2,5 ml / ¬Ω TL Esseg an 15 ml / 1 EL Ueleg fir 1 Stonn.

Mëttlerweil 15 ml / 1 Esslöffel Ueleg erhëtzen, Broccoli, 2,5 ml / ¬Ω Teelöffel Fëschzooss, Sojazooss a Rescht Esseg addéieren a liicht mat kochendem Waasser iwwerdecken. Kachen op niddereg Hëtzt fir ongeféier 10 Minutten bis mëll.

Heizen 30 ml / 2 Esslöffel Ueleg an enger separater Pan a braten d'Fleesch kuerz bis brong. Füügt Bouillon, verbleiwen Maisstärke a Fëschzooss, bréngt e Kachen, iwwerdeckt a simmer fir ongeféier 10 Minutten bis d'Fleesch mëll ass. De Broccoli drainéieren a se op eng waarm Plack leeën. Top mat Fleesch a sprëtzen generéis mat Sesam Somen.

Gegrillte Fleesch

Servéiert 4

450 g mager Steak, geschnidden

60 ml / 4 Esslöffel Sojazooss

2 Knuewelek, gehackt

5 ml / 1 Teelöffel Salz

2,5 ml / ¬Ω Teelöffel fröschgemuelte Peffer

10 ml / 2 Teaspoen Zocker

Mix all d'Ingredienten a loosst fir 3 Stonnen fermentéieren. Fritt oder frittéiert (Grill) op engem waarme Grill fir ongeféier 5 Minutten pro Säit.

Kantonesesch Fleesch

Servéiert 4

30 ml / 2 Esslöffel Mais Miel (Maisstärke)

2 Eewäiss bis steif geschloen

450 g Steak, a Sträifen geschnidden

frittéiert Ueleg

4 Sträifen Sellerie, geschnidden

2 Zwiebelen, geschnidden

60 ml / 4 Esslöffel Waasser

20 ml / 4 Teaspoen Salz

75 ml / 5 Esslöffel Sojazooss

60 ml / 4 Esslöffel Rais Wäin oder dréchen Sherry

30 ml / 2 Esslöffel Zocker

frësch gemalen Peffer

D'Halschent vun der Maisstärke mam Eewäiss vermëschen. D'Braten derbäisetzen a réieren sou datt d'Fleesch mam Teig bedeckt ass. Den Ueleg erhëtzen an de Steak bis gëllen brong frittéieren. Huelt aus der Pan an drainéiert op Pabeierhandtücher. Hëtzt 15 ml / 1 Esslöffel Ueleg a frittéiert d'Sellerie an d'Zwiebel fir 3 Minutten. Fleesch, Waasser, Salz, Soja, Wäin oder Sherry an Zocker addéieren a mat Peffer würzen. Bréngt e Kachen a simmer, réieren, bis d'Sauce verdickt.

Rëndfleesch mat Karotten

Servéiert 4

30 ml / 2 Esslöffel Erdnussueleg (Erdnuss).

450 g mageres Rëndfleesch, geschnidden

2 Frühstücks Zwiebelen (Scalions), geschnidden

2 Knuewelek, gehackt

1 Scheiwen Ingwer, fein gehackt

250 ml / 8 fl oz / 1 Coupe Sojazooss

30 ml / 2 Esslöffel Reiswäin oder dréchen Sherry

30 ml / 2 Esslöffel brong Zucker

5 ml / 1 Teelöffel Salz

600 ml / 1 pt / 2 ¬Ω Coupe Waasser

4 Karotten, diagonal geschnidden

Den Ueleg erhëtzen an d'Fleesch braten bis gëllenbraun. Iwwerschoss Ueleg ofschëdden a Fréijoerszwiebel, Knuewel, Ingwer an Anis derbäisetzen a 2 Minutten frittéieren. Sojazooss, Wäin oder Sherry, Zocker a Salz addéieren a gutt mëschen. Waasser derbäi, bréngt e Kachen, iwwerdeckt a simmer fir 1 Stonn. Karotten derbäisetzen, iwwerdecken a fir eng weider 30

Minutten kachen. Den Deckel erofhuelen a kachen bis d'Sauce reduzéiert ass.

Rëndfleesch mat Cashewnëss

Servéiert 4

60 ml / 4 Esslöffel Erdnussueleg (Erdnuss).

1 Pound / 450 g Rëndfleesch Schwanz Schanken, dënn geschnidden

8 Frühstückszwiebelen (Scalions), a Stécker geschnidden

2 Knuewelek, gehackt

1 Scheiwen Ingwer, fein gehackt

75 g / 3 oz / ¬œ Coupe gebraten Cashewnëss

120 ml / 4 fl oz / ¬Ω Taass Waasser

20 ml / 4 Teaspoen Mais Miel (Maisstärke)

20 ml / 4 TL Sojazooss

5 ml / 1 TL Sesamöl

5 ml / 1 TL Austerzooss

5 ml / 1 TL waarm Zooss

D'Halschent vum Ueleg erhëtzen an d'Fleesch bis gëllenbraun frittéieren. Ewechzehuelen aus Panne. De reschtlechen Ueleg erhëtzen an d'Fréijoerszweil, de Knuewel, den Ingwer an d'Cashewnëss 1 Minutt frittéieren. Huelt d'Fleesch an d'Bratpfanne zréck. De Rescht vun den Zutaten mëschen an d'Mëschung an d'Pan schëdden. Bréngt e Kachen a simmer, réieren, bis d'Mëschung verdickt.

Rëndfleesch Slow Cooker

Servéiert 4

30 ml / 2 Esslöffel Erdnussueleg (Erdnuss).

450 g geschnidden Rëndfleesch

3 Scheiwen Ingwerwurzel, gehackt

3 Karotten, geschnidden

1 Rüben, geschnidden

15 ml / 1 Esslöffel schwarz Dattelen

15 ml / 1 Esslöffel Lotus Somen

30 ml / 2 Esslöffel Tomatenpaste √ © e (Pasta)

10 ml / 2 Esslöffel Salz

900 ml / 1¬Ω pts / 3¬æ Coupe Rëndfleesch Bouillon

250 ml / 8 fl oz / 1 Coupe Reis Wäin oder dréchen Sherry

Den Ueleg an enger grousser Kasseroll oder Uewen-sécher Bratpfanne erhëtzen an d'Fleesch frittéieren bis et op alle Säite gekacht ass.

Rëndfleesch mat Choufleur

Servéiert 4

225 g Choufleur Blummen

frittéiert Ueleg

225 g Rëndfleesch, a Sträifen geschnidden

50 g Bambusscheiss a Sträifen geschnidden

10 Waasserkastanen, a Sträifen geschnidden

120 ml / 4 fl oz / ¬Ω Coupe Poulet Bouillon

15 ml / 1 Esslöffel Sojazooss

15 ml / 1 Esslöffel Austerzooss

15 ml / 1 Esslöffel Tomatenpaste √ © e (Pasta)

15 ml / 1 Esslöffel Mais Miel (Maisstärke)

2,5 ml / ¬Ω Teelöffel Sesamöl

Blanchéiert de Choufleur fir 2 Minutten am kochendem Waasser a drainéiert. Den Ueleg erhëtzen an de Choufleur bis gëllen brong frittéieren. Drain a drain op Pabeierhandtücher. Den Ueleg erhëtzen an d'Fleesch braten bis e bësse brong, drainéieren an drainéieren. Gitt alles ausser 15ml / 1 Tbsp Ueleg a frittéiert d'Bambusscheiss a Waasserkastanen fir 2 Minutten. Füügt déi reschtlech Zutaten, bréngt e Kachen a simmer, réieren, bis d'Sauce verdickt. Huelt d'Fleesch an de Choufleur an d'Bratpfanne zréck a waarmt sanft. Serve direkt.

Kalbfleesch mat Sellerie

Servéiert 4

100 g Sellerie, a Sträifen geschnidden

45 ml / 3 Esslöffel Erdnussueleg (Erdnuss).

2 Frühstücks Zwiebelen (Scalions), gehackt

1 Scheiwen Ingwer, fein gehackt

225 g mageres Rëndfleesch, a Sträifen geschnidden

30 ml / 2 Esslöffel Sojazooss

30 ml / 2 Esslöffel Reiswäin oder dréchen Sherry

2,5 ml / ¬Ω Teelöffel Zocker

2,5 ml / ¬Ω Teelöffel Salz

Blanchéiert d'Sellerie am kochendem Waasser fir 1 Minutt a gutt drainéieren. Den Ueleg erhëtzen an d'Fréijoerszwiebel an den Ingwer bis gëllen brong frittéieren. D'Fleesch derbäisetzen a 4 Minutten frittéieren. Sellerie derbäisetzen an 2 Minutten frittéieren. Sojazooss, Wäin oder Sherry, Zocker a Salz addéieren an 3 Minutten frittéieren.

Frittéiert Rëndfleesch Scheiwen mat Sellerie

Servéiert 4

30 ml / 2 Esslöffel Erdnussueleg (Erdnuss).

450 g mageres Rëndfleesch, a Flakelen geschnidden

3 Steng Sellerie, gehackt

1 gehackte Zwiebel

1 Fréijoer Ënn (Shallot), geschnidden

1 Scheiwen Ingwer, fein gehackt

30 ml / 2 Esslöffel Sojazooss

15 ml / 1 EL Rais Wäin oder dréchen Sherry

2,5 ml / ¬Ω Teelöffel Zocker

2,5 ml / ¬Ω Teelöffel Salz

10 ml / 2 Teaspoen Mais Miel (Maisstärke)

30 ml / 2 Esslöffel Waasser

Hëtzt d'Halschent vum Ueleg bis ganz waarm a fritt d'Fleesch 1 Minutt bis gëllenbraun. Ewechzehuelen aus Panne. De reschtlechen Ueleg erhëtzen an d'Sellerie, d'Zwiebel, d'Fréijoerszweil an den Ingwer frittéieren, bis se liicht mëll sinn. D'Fleesch mat Sojazooss, Wäin oder Sherry, Zocker a Salz zréck an d'Bratpfanne zréckbréngen, opkachen a réieren fir erëm opzehëtzen. Kombinéiert d'Maisstärke a Waasser, réieren an d'Spanne a simmer bis d'Sauce verdickt. Serve direkt.

Rëndfleesch geschnidden mat Poulet a Sellerie

Servéiert 4

4 gedréchent Chinesesch Champignonen

45 ml / 3 Esslöffel Erdnussueleg (Erdnuss).

2 Knuewelek, gehackt

1 Ingwerwurzel, geschnidden, fein gehackt

5 ml / 1 Teelöffel Salz

100 g mageres Rëndfleesch, a Sträifen geschnidden

100 g Poulet, a Sträifen geschnidden

2 Karotten, a Sträifen geschnidden

2 Stéck Sellerie, a Sträifen geschnidden

4 Frühstückszwiebelen (Scalions), a Sträifen geschnidden

5 ml / 1 Teelöffel Zocker

5 ml / 1 TL Sojazooss

5 ml / 1 TL Reis Wäin oder dréchen Sherry

45 ml / 3 Esslöffel Waasser

5 ml / 1 TL Mais Miel (Maisstärke)

Soak de Champignonen am waarme Waasser fir 30 Minutten, dann drainéieren. Huelt d'Stämm a schneiden d'Kappen. Den

Ueleg erhëtzen an de Knuewel, Ingwer a Salz frittéieren bis gëllenbraun. Rëndfleesch a Poulet derbäisetzen a frittéieren bis se ufänken ze faarwen. Sellerie, Fréijoerszwiebel, Zocker, Soja, Wäin oder Sherry a Waasser addéieren a bréngen fir ze kachen. Deckt a simmer fir ongeféier 15 Minutten bis d'Fleesch mëll ass. De Maisstärke mat e bësse Waasser vermëschen, et an d'Zooss addéieren a kachen, réieren, bis d'Sauce verdickt.

Fleesch mat Chili

Servéiert 4

450 g Rëndfleeschfilet an Sträifen geschnidden

45 ml / 3 Esslöffel Sojazooss

15 ml / 1 EL Rais Wäin oder dréchen Sherry

15 ml / 1 Esslöffel brong Zucker

15 ml / 1 Esslöffel fein gehackte Ingwerwurzel

30 ml / 2 Esslöffel Erdnussueleg (Erdnuss).

50 g Bambusscheiss, a Matcher geschnidden

1 Zwiebel, a Sträifen geschnidden

1 Sellerie, a Matchstick geschnidden

2 roude Chili, gekierzt an a Sträifen geschnidden

120 ml / 4 fl oz / ¬Ω Coupe Poulet Bouillon

15 ml / 1 Esslöffel Mais Miel (Maisstärke)

Plaz de Steak an eng Schossel. Sojazooss, Wäin oder Sherry, Zocker an Ingwer vermëschen a mat Steak kombinéieren. Loosst fir 1 Stonn marinéieren. Huelt de Steak aus der Marinade. D'Halschent vum Ueleg erhëtzen an d'Bambusscheiss, d'Zwiebel, d'Sellerie an d'Chili fir 3 Minutten frittéieren an dann aus der Pan huelen. De Rescht Ueleg erhëtzen an de Steak fir 3 Minutten frittéieren. Kombinéiert d'Marinade, bréngt e Kachen a füügt d'frittéiert Geméis derbäi. Kachen, réieren, fir 2 Minutten. Mix d'Bouillon a Maisstärke a fügen se an d'Pan. Bréngt zum Kachen a simmer, réieren, bis d'Zooss gekläert a verdickt ass.

Rëndfleesch mat Chinese Kabes

Servéiert 4

225 g mageres Rëndfleesch

30 ml / 2 Esslöffel Erdnussueleg (Erdnuss).

350 g bok choy, gerappt

120 ml / 4 fl oz / ¬Ω Coupe Rëndfleesch Bouillon

Salz a frësch gemalen Peffer

10 ml / 2 Teaspoen Mais Miel (Maisstärke)

30 ml / 2 Esslöffel Waasser

D'Fleesch dënn géint de Kär schneiden. Den Ueleg erhëtzen an d'Fleesch braten bis gëllenbraun. Füügt de Bok Choy a sauté bis liicht erweecht. Bréngt d'Bouillon un, bréngt e Kachen a Saison mat Salz a Peffer. Deckt a simmer fir 4 Minutten bis d'Fleesch mëll ass. Kombinéiert Maisstärke a Waasser, gitt an d'Pan a simmer, réieren, bis d'Sauce verdickt.

Kallef Chop Suey

Servéiert 4

3 Sträifen Sellerie, geschnidden

100 g Bounen Sprossen

100 g Broccoli Blummen

60 ml / 4 Esslöffel Erdnussueleg (Erdnuss).

3 Frühstücks Zwiebelen (Scalions), gehackt

2 Knuewelek, gehackt

1 Scheiwen Ingwer, fein gehackt

225 g mageres Rëndfleesch, a Sträifen geschnidden

45 ml / 3 Esslöffel Sojazooss

15 ml / 1 EL Rais Wäin oder dréchen Sherry

5 ml / 1 Teelöffel Salz

2,5 ml / ¬Ω Teelöffel Zocker

frësch gemalen Peffer

15 ml / 1 Esslöffel Mais Miel (Maisstärke)

Blanchéiert Sellerie, Bounen Sprossen a Broccoli am kochendem Waasser fir 2 Minutten, drainéiert a trocken. 45 ml / 3 Esslöffel Ueleg erhëtzen an d'Fréijoerszweil, de Knuewel an den Ingwer bis gëllen brong frittéieren. D'Fleesch derbäisetzen a 4 Minutten frittéieren. Ewechzehuelen aus Panne. De Rescht Ueleg erhëtzen an d'Geméis fir 3 Minutten frittéieren. Fleesch, Soja, Wäin oder

Sherry, Salz, Zocker an eng Prise Peffer dobäiginn an 2 Minutten frittéieren. De Maisstärke mat e bësse Waasser vermëschen, an d'Pan schëdden a réieren, bis d'Sauce sech opgekläert a verdickt huet.

Rëndfleesch mat Gurken

Servéiert 4

1 Pound / 450 g Rëndfleesch Schwanz Schanken, dënn geschnidden

45 ml / 3 Esslöffel Sojazooss

30 ml / 2 Esslöffel Mais Miel (Maisstärke)

60 ml / 4 Esslöffel Erdnussueleg (Erdnuss).

2 Gurken, geschält, gekierzt a geschnidden

60 ml / 4 Esslöffel Poulet Bouillon

30 ml / 2 Esslöffel Reiswäin oder dréchen Sherry

Salz a frësch gemalen Peffer

Plaz de Steak an eng Schossel. Sojazooss a Maisstärke vermëschen a mat Steak kombinéieren. Loosst fir 30 Minutten marinéieren. Hëtzt d'Halschent vum Ueleg a fritt d'Gurken fir 3 Minutten bis opak, huelt dann aus der Pan. De Rescht Ueleg erhëtzen an de Steak bis gëllenbraun frittéieren. Gurken derbäisetzen a fir 2 Minutten frittéieren. Bouillon, Wäin oder Sherry addéieren a mat Salz a Peffer würzen. Bréngt e Kachen, iwwerdeckt a simmer fir 3 Minutten.

Fleesch chow mein

Servéiert 4

Handfilet 750 g / 1 ¬Ω lb

2 Zwiebel

45 ml / 3 Esslöffel Sojazooss

45 ml / 3 Esslöffel Rais Wäin oder dréchen Sherry

15 ml / 1 Esslöffel Erdnussbotter

5 ml / 1 TL Zitrounejus

350 g Eierpaste

60 ml / 4 Esslöffel Erdnussueleg (Erdnuss).

175 ml / 6 fl oz / ¬æ dl Pouletbouillon

15 ml / 1 Esslöffel Mais Miel (Maisstärke)

30 ml / 2 Esslöffel Austerzooss

4 Frühstücks Zwiebelen (Scalions), gehackt

3 Sträifen Sellerie, geschnidden

100 g Champignonen, geschnidden

1 gréng Peffer, a Sträifen geschnidden

100 g Bounen Sprossen

Fett aus Fleesch schneiden an ofschneiden. De Parmesan an dënn Scheiwen Kräiz schneiden. Den Zwiebel a Scheiwen schneiden an d'Schichten trennen. Mix 15 ml / 1 Esslöffel Sojazooss mat 15 ml / 1 Esslöffel Wäin oder Sherry, Erdnussbotter an Zitrounejus. D'Fleesch derbäisetzen, iwwerdecken a 1 Stonn rouen loossen. Kachen d'Nuddelen am kochendem Waasser fir ongeféier 5 Minutten oder bis se mëll sinn. Drain gutt. 15 ml / 1 Esslöffel Ueleg erhëtzen, 15 ml / 1 Esslöffel Sojazooss an d'Nuddelen derbäisetzen a fir 2 Minutten frittéiert bis gëllenbraun. Transfert op e waarme servéiert.

Mëschung verbleiwen Sojazooss a Wäin oder Sherry mat Bouillon, Maisstärke an Austerzooss. Hëtzt 15 ml / 1 Esslöffel Ueleg a frittéiert d'Zwiebel fir 1 Minutt. Sellerie, Champignonen, Pfeffer a Bounen Sprossen derbäisetzen an 2 Minutten frittéieren. Huelt aus dem Wok. De Rescht Ueleg erhëtzen an d'Fleesch braten bis brong. Bouillon derbäisetzen, e Kachen bréngen, iwwerdecken a fir 3 Minutten simmeren. Gitt d'Geméis zréck an d'Wok a simmer, réieren, fir ongeféier 4 Minutten bis waarm. Gidd d'Mëschung iwwer d'Nuddelen a servéiert.

Gurken braten

Servéiert 4

450 g Filet

10 ml / 2 Teaspoen Mais Miel (Maisstärke)

10 ml / 2 Teaspoen Salz

2,5 ml / ¬Ω Teelöffel fréschgemuelte Peffer

90 ml / 6 Esslöffel Erdnussueleg (Erdnuss).

1 Zwiebel, fein gehackt

1 Gurke, geschält a geschnidden

120 ml / 4 fl oz / ¬Ω Coupe Rëndfleesch Bouillon

De Steak a Sträifen schneiden an dann an dënn Scheiwen géint de Kär schneiden. An enger Schossel leeën a Maisstärke, Salz, Peffer an d'Halschent vum Ueleg dobäi ginn. Loosst fir 30 Minutten marinéieren. De reschtlechen Ueleg erhëtzen an d'Fleesch an d'Zwiebel bis gëllenbrau frittéieren. Gurken a Bouillon addéieren, e Kachen bréngen, iwwerdecken a 5 Minuten daueren.

Gebakene Rëndfleesch Curry

Servéiert 4

45 ml / 3 Esslöffel Botter

15 ml / 1 Esslöffel Currypulver

45 ml / 3 Esslöffel Miel (fir all Gebrauch).

375 ml / 13 fl oz / 1¬Ω Coupe Mëllech

15 ml / 1 Esslöffel Sojazooss

Salz a frësch gemalen Peffer

450 g gekachten Fleesch

100 g Erbsen

2 Karotten, gehackt

2 Zwiebelen, gehackt

225g gekachten laangkorn Reis, waarm

1 hart gekachten Ee (gekachten), geschnidden

Botter schmëlzen, Curry a Miel dobäiginn an 1 Minutt kachen. Mëllech a Soja derbäisetzen, opkachen a simmer, réieren, fir 2 Minutten. Saison mat Salz a Peffer. Rëndfleesch, Erbsen, Muerten an Zwiebel addéieren a gutt dréinen fir mat Sauce ze beschichten. Füügt de Räis, gitt dann d'Mëschung op eng Schacht a baken an engem virgehëtzten Ofen bei 200 ∞ C / 400 ∞ F / Gasmark 6 fir 20 Minutten bis d'Geméis mëll sinn. Serve garnéiert mat Scheiwen vun hart gekachten Ee.

marinéiert Abalone

Servéiert 4

450g / 1lb Konserven Abalone

45 ml / 3 Esslöffel Sojazooss

30 ml / 2 Esslöffel Esseg

5 ml / 1 Teelöffel Zocker

e puer Tropfen Sesamöl

Den Abalone drainéieren an an dënn Scheiwen oder Sträifen schneiden. De Rescht vun den Zutaten mëschen, iwwer d'Abalone schëdden a gutt mëschen. Deckt an am Frigo fir 1 Stonn.

Stew Bambusscheiss

Servéiert 4

60 ml / 4 Esslöffel Erdnussueleg (Erdnuss).

225g Bambusscheiss, a Sträifen geschnidden

60 ml / 4 Esslöffel Poulet Bouillon

15 ml / 1 Esslöffel Sojazooss

5 ml / 1 Teelöffel Zocker

5 ml / 1 TL Reis Wäin oder dréchen Sherry

Den Ueleg erhëtzen an d'Bambusscheiss fir 3 Minutten frittéieren. Mix d'Bouillon, Soja, Zocker a Wäin oder Sherry a fügen se an d'Pan. Deckt a kachen op niddereg Hëtzt fir 20 Minutten. Loosst Iech ofkillen ier Dir servéiert.

Gurken Poulet

Servéiert 4

1 Gurke, geschleeft a geschnidden

225 g gekachten Poulet, a kleng Stécker geschnidden

5 ml / 1 TL Moschterpulver

2,5 ml / ¬Ω Teelöffel Salz

30 ml / 2 Esslöffel Esseg

D'Gurken a Sträifen schneiden a se op eng Déngschtplat leeën. Arrangéiert de Poulet uewen. Moschter, Salz an Esseg vermëschen a just virum Déngscht iwwer de Poulet schëdden.

Sesam Poulet

Servéiert 4

350 g gekachten Poulet

120 ml / 4 fl oz / ¬Ω Taass Waasser

5 ml / 1 TL Moschterpulver

15 ml / 1 Esslöffel Sesam Somen

2,5 ml / ¬Ω Teelöffel Salz

eng Prise Zocker

45 ml / 3 Esslöffel gehackte frësche Koriander

5 Frühstücks Zwiebelen, gehackt

¬Ω Kapp vun Zalot, gerappt

De Poulet an dënn Streifen schneiden. Mix genuch Waasser am Moschter fir eng glat Paste ze maachen a fügen se an de Poulet. Toast d'Sesamsamen an enger dréchener Pan bis liicht gëllen, fügen se dann an de Poulet a sprëtzen mat Salz an Zocker. D'Halschent vun der Péiterséilech an d'Fréijoerszweil derbäisetzen a gutt mëschen. Plaz Zalot op Déngschtplack, garnéieren mat Poulet Mëschung a garnéiere mat Rescht Petersilie.

Lychee mat Ingwer

Servéiert 4

1 grouss Waassermeloun, halbéiert a gekierzt

450 g / 1 lb konservéiert Lychee, drainéiert

5 cm / 2 Steng Ingwer, geschnidden

e puer Minzeblieder

Fëllt d'Melonenhälften mat Lychee an Ingwer, dekoréiert mat Minzeblieder. Cool virum Déngscht.

Roude gekachten Pouletflügel

Servéiert 4

8 Poulet Flügel

2 Frühstücks Zwiebelen (Scalions), gehackt

75 ml / 5 Esslöffel Sojazooss

120 ml / 4 fl oz / ¬Ω Taass Waasser

30 ml / 2 Esslöffel brong Zucker

Schneid a werfen d'knacheg Enden vun de Pouletflügel a schneiden se an d'Halschent. An engem Kasseroll zesumme mat den aneren Zutaten setzen, zum Kachen bréngen, iwwerdecken a fir 30 Minutten op niddereg Hëtzt kachen. Den Deckel erofhuelen a weider op niddereg Hëtzt fir eng aner 15 Minutten kachen, dacks basting. Loosst ofkillen an dann ofkillen ier Dir servéiert.

Crabmeat mat Gurken

Servéiert 4

100 g Crabmeat, a Flakelen

2 Gurken, schielen a geschnidden

1 Scheiwen Ingwer, fein gehackt

15 ml / 1 Esslöffel Sojazooss

30 ml / 2 Esslöffel Esseg

5 ml / 1 Teelöffel Zocker

e puer Tropfen Sesamöl

Setzt d'Krabbefleesch an d'Gurken an eng Schossel. De Rescht vun den Zutaten vermëschen, d'Kriibsmëschung iwwergoen a gutt mëschen. Deckt a killt 30 Minutte virum Déngscht.

déi marinéiert Champignonen

Servéiert 4

225 g Champignonen

30 ml / 2 Esslöffel Sojazooss

15 ml / 1 EL Rais Wäin oder dréchen Sherry

Prise Salz

e puer Tropfen Tabasco

e puer Tropfen Sesamöl

Blanchéiert d'Pilze fir 2 Minutten a kochendem Waasser, dann drainéieren an dréchen. Plaz an eng Schossel a schëdden déi aner Zutaten. Mix gutt a lass ze killen virum Déngscht.

Marinad Knuewelek Champignon

Servéiert 4

225 g Champignonen

3 Knuewelekszéiwen, gehackt

30 ml / 2 Esslöffel Sojazooss

30 ml / 2 Esslöffel Reiswäin oder dréchen Sherry

15 ml / 1 Esslöffel Sesamöl

Prise Salz

D'Pilze an de Knuewel an e Colander setzen, kochend Waasser iwwergoen a fir 3 Minutten loossen. Drain a gutt dréchen. De Rescht vun den Zutaten mëschen, d'Marinade iwwer d'Pilze schëdden a 1 Stonn marinéieren.

Garnelen a Choufleur

Servéiert 4

225 g Choufleur Blummen

100 g geschälte Garnelen

15 ml / 1 Esslöffel Sojazooss

5 ml / 1 TL Sesamöl

Kachen de Choufleur getrennt fir ongeféier 5 Minutten bis mëll, awer nach knaschteg. Mix mat Garnelen, sprëtzen mat Sojazooss a Sesamöl a mixen. Ofkillt virum Déngscht.

Ham Stécker mat Sesam

Servéiert 4

225g Ham, a Sträifen geschnidden

10 ml / 2 TL Sojazooss

2,5 ml / ¬Ω Teelöffel Sesamöl

Arrangéiert d'Ham an engem Déngschtplat. Soja a Sesamöl vermëschen, iwwer d'Ham sprëtzen a servéieren.

kal Tofu

Servéiert 4

450 g Tofu, geschnidden

45 ml / 3 Esslöffel Sojazooss

45 ml / 3 Esslöffel Erdnussueleg (Erdnuss).

frësch gemalen Peffer

Den Tofu, e puer Scheiwen gläichzäiteg, an e Colander leeën a fir 40 Sekonnen a kochend Waasser schëdden, drainéieren an op eng Déngschtplat setzen. Loosst et ofkillen. Sojazooss an Ueleg vermëschen, den Tofu iwwerdroen a mat Peffer gesprëtzt servéieren.

Poulet mat Speck

Servéiert 4

225g Poulet, ganz dënn geschnidden

75 ml / 5 Esslöffel Sojazooss

15 ml / 1 EL Rais Wäin oder dréchen Sherry

1 Knuewelek, zerquetscht

15 ml / 1 Esslöffel brong Zucker

5 ml / 1 Teelöffel Salz

5 ml / 1 TL fein gehackt Ingwer

225 g mager Speck an Wierfel

100 g Waasserkastanen, ganz dënn geschnidden

30 ml / 2 Esslöffel Hunneg

Huelt de Poulet an eng Schossel. 45 ml / 3 EL Sojazooss mat Wäin oder Sherry, Knuewelek, Zocker, Salz an Ingwer vermëschen, iwwer de Poulet schëdden a fir ongeféier 3 Stonnen marinéieren. Huelt de Poulet, de Speck an de Kastanien op de Kebab-Spiel. De Rescht vun der Soja mam Hunneg vermëschen an d'Spiis schneiden. Grill (Grill) ënner engem waarme Grill fir ongeféier 10 Minutten bis gekacht, dacks dréien a mat méi Glasur Pinselen wéi se kachen.

Poulet a Bananen Fritten

Servéiert 4

2 gekacht Poulet Broscht

2 schwéier Bananen

6 Scheiwen Brout

4 eieren

120 ml / 4 fl oz / ¬Ω Coupe Mëllech

50 g / 2 oz / ¬Ω Coupe Allzweck Miel.

225 g / 8 oz / 4 Coupe frësch Brout

frittéiert Ueleg

De Poulet an 24 Stécker schneiden. D'Bananen schielen a se an der Längt a Véierel schneiden. All Véierel an Drëttel schneiden fir 24 Stécker ze maachen. D'Krust vum Brout schneiden an an Véierel schneiden. Eeër a Mëllech schloen a molen op enger Säit vum Brout. Huelt e Stéck Poulet an e Stéck Bananen op der Ee-iwwerdeckter Säit vun all Stéck Brout. liicht Miel d'Plaze, rullt se dann an d'Ee an iwwerdeckt se mat Brout. Gitt erëm duerch d'Ee an d'Brout. Den Ueleg erhëtzen an e puer Quadrate gläichzäiteg frittéieren bis gëllenbraun. Drain op Pabeierhandtücher virum Déngscht.

Poulet mat Ingwer a Champignonen

Servéiert 4

225 g Poulet Broscht Filet

5 ml / 1 Teelöffel fënnef Gewierzpulver

15 ml / 1 Esslöffel Miel (fir all Gebrauch).

120 ml / 4 fl oz / ¬Ω Coupe Erdnussueleg (Erdnuss).

4 Schalotten, halbéiert

1 Knuewelek, geschnidden

1 Scheiwen Ingwer, fein gehackt

25 g / 1 oz / ¬º Coupe Cashewnëss

5 ml / 1 Teelöffel Hunneg

15 ml / 1 Esslöffel Reis Miel

75 ml / 5 Esslöffel Rais Wäin oder dréchen Sherry

100 g Champignonen, quartéiert

2,5 ml / ¬Ω Teelöffel Kurkuma

6 giel Chili, halbéiert

5 ml / 1 TL Sojazooss

¬¬ Zitrounejus

Salz a Peffer

4 knusprech Zalot Blieder

D'Hënn Brust diagonal mam Parmesan an dënn Sträifen schneiden. Spréngelen mat fënnef Gewierzpulver a liicht mat Miel ofdecken. Heizen 15 ml/1 EL Ueleg a fritt de Poulet bis gëllenbraun. Ewechzehuelen aus Panne. E bësse méi Ueleg erhëtzen an d'Schalotten, Knuewelek, Ingwer a Cashewnëss 1 Minutt frittéieren. Hunneg addéieren a mixen bis d'Geméis beschichtet ass. Stëbs mat Miel an dann de Wäin oder Sherry derbäi. Champignonen, Kurkuma a Chili derbäi ginn a fir 1 Minutt gekacht. Huelt de Poulet, d'Sojazooss, d'Halschent vun der Zitrounejus, Salz a Peffer dobäi a waarm. Huelt aus der Pan an halen waarm. E bësse méi Ueleg erhëtzen, d'Salatblieder derbäisetzen a séier frittéieren, mat Salz a Peffer an dem Rescht vun der Zitrounejus würzen.

Poulet an Ham

Servéiert 4

225g Poulet, ganz dënn geschnidden

75 ml / 5 Esslöffel Sojazooss

15 ml / 1 EL Rais Wäin oder dréchen Sherry

15 ml / 1 Esslöffel brong Zucker

5 ml / 1 TL fein gehackt Ingwer

1 Knuewelek, zerquetscht

225 g gekachten Ham, geschnidden

30 ml / 2 Esslöffel Hunneg

Huelt de Poulet an eng Schossel mat 45ml/3 EL Sojazooss, Wäin oder Sherry, Zocker, Ingwer a Knuewel. Loosst fir 3 Stonnen marinéieren. Huelt de Poulet an d'Ham op de Kebab-Spieler. De Rescht vun der Soja mam Hunneg vermëschen an d'Spiis schneiden. Grill (Grill) ënner engem waarme Grill fir ongeféier 10 Minutten, dréit dacks a wäscht mat Glasur wärend se kachen.

Gegrillte Poulet Liewer

Servéiert 4

450 g Poulet Liewer

45 ml / 3 Esslöffel Sojazooss

15 ml / 1 EL Rais Wäin oder dréchen Sherry

15 ml / 1 Esslöffel brong Zucker

5 ml / 1 Teelöffel Salz

5 ml / 1 TL fein gehackt Ingwer

1 Knuewelek, zerquetscht

Blanchéiert d'Hënnleber am kochendem Waasser fir 2 Minutten a gutt drainéieren. Huelt all déi aner Zutaten ausser dem Ueleg an eng Schossel a marinéiert fir ongeféier 3 Stonnen. Huelt d'Hënneliewer op d'Kebab-Speeler a frittéiert (Grill) ënnert engem waarme Grill fir ongeféier 8 Minutten bis se gëllenbraun sinn.

Crab Bäll mat Waasser Kastanien

Servéiert 4

450 g Krabbefleesch, Buedem

100 g gehackte Waasser Kastanien

1 Knuewelek, zerquetscht

1 cm/¬Ω geschnidden Ingwerwurzel, fein gehackt

45 ml / 3 Esslöffel Mais Miel (Maisstärke)

30 ml / 2 Esslöffel Sojazooss

15 ml / 1 EL Rais Wäin oder dréchen Sherry

5 ml / 1 Teelöffel Salz

5 ml / 1 Teelöffel Zocker

3 geschlagen Eeër

frittéiert Ueleg

Mix all Zutaten ausser den Ueleg a bilden Kugelen. Den Ueleg erhëtzen an d'Krabbebäll bis gëllen brong frittéieren. Gitt gutt virum Déngscht.

dim sum

Servéiert 4

100 g geschälte Garnelen, gehackt

225 g mageres Schwäin, fein gehackt

50 g bok choy, fein gehackt

3 Frühstücks Zwiebelen (Scalions), gehackt

1 geschloen Ee

30 ml / 2 Esslöffel Mais Miel (Maisstärke)

10 ml / 2 TL Sojazooss

5 ml / 1 TL Sesamöl

5 ml / 1 TL Austerzooss

24 wonton skins

frittéiert Ueleg

Mix d'Garnelen, Schweinefleesch, Kabes a Fréijoerszweil. Kombinéieren Ee, Maisstärke, Sojazooss, Sesamöl an Austerzooss. Drop Läffel vun der Mëschung an d'Mëtt vun all Wonton Haut. Virsiichteg wéckelt d'Wrapper ëm d'Fëllung, dréckt d'Kante an awer léisst d'Spëtzt op. Den Ueleg erhëtzen an d'Dim Sum e bëssen gläichzäiteg frittéieren bis et gëllenbraun ass. Gitt gutt of a servéiert waarm.

Ham a Poulet Rollen

Servéiert 4

2 Poulet Broscht

1 Knuewelek, zerquetscht

2,5 ml / ¬Ω Teelöffel Salz

2,5 ml / ¬Ω Teelöffel Pudder mat fënnef Gewierzer

4 Scheiwen gekachten Ham

1 geschloen Ee

30 ml / 2 Esslöffel Mëllech

25 g / 1 oz / ¬° Coupe einfach Miel (fir all Gebrauch).

4 Eierrollen

frittéiert Ueleg

D'Hënn Brust an d'Halschent schneiden. Mischt se bis ganz dënn. Knuewelek, Salz a fënnef Gewierzpulver vermëschen an iwwer de Poulet sprëtzen. Op all Stéck Poulet eng Scheif Ham leeën a gutt oprollen. Mix d'Ee an d'Mëllech. liicht Miel d'Hënnstécker an daucht se dann an d'Eeërmëschung. Setzt all Stéck Haut-Säit op eng Eeërroll a penséiert d'Kante mat geschlagen Ee. Klappt d'Säiten an, rullt dann op, knipst d'Kante fir ze versiegeln. Den Ueleg erhëtzen an d'Rollen fir ongeféier 5 Minutten frittéieren bis se gëllenbraun sinn.

gëllen a gekacht. Drain op Pabeierhandtücher, da schneide déck diagonal fir ze servéieren.

Gebakene Ham Swirls

Servéiert 4

350g / 12oz / 3 Coupë Miel (all Zweck).

175 g / 6 oz / ¬œ Coupe Botter

120 ml / 4 fl oz / ¬Ω Taass Waasser

225 g gehackte Ham

100 g gehackte Bambusscheiss

2 Frühstücks Zwiebelen (Scalions), gehackt

15 ml / 1 Esslöffel Sojazooss

30 ml / 2 Esslöffel Sesam Somen

Huelt d'Miel an eng Schossel a setzt d'Botter derbäi. Mix am Waasser fir eng Paste ze bilden. Den Teig ausrollen an an 5 cm/2 cm Krees schneiden. Mix all aner Zutaten ausser Sesam Somen a gitt an all Krees. Pinsel d'Kante vum Puffdeeg mat Waasser a versiegelt. Brush dobausse mat Waasser a sprëtzen mat Sesam Somen. Bake an engem virgehëtzten Ofen bei 180¬∞C / 350¬∞F / Gasmark 4 fir 30 Minutten.

pseudo gefëmmt Fësch

Servéiert 4

1 Mier Bass

3 Scheiwen Ingwer, geschnidden

1 Knuewelek, zerquetscht

1 Fréijoer Ënn (Shallot), oft geschnidden

75 ml / 5 Esslöffel Sojazooss

30 ml / 2 Esslöffel Reiswäin oder dréchen Sherry

2,5 ml / ¬Ω Teelöffel gemalen Anis

2,5 ml / ¬Ω Teelöffel Sesamöl

10 ml / 2 Teaspoen Zocker

120 ml / 4 fl oz / ¬Ω Coupe Bouillon

frittéiert Ueleg

5 ml / 1 TL Mais Miel (Maisstärke)

De Fësch schielen a se an 5 mm (¬° in) Konterfaser Scheiwen schneiden. Mix Ingwer, Knuewelek, Fréijoerszweil, 60ml / 4 Esslöffel Sojazooss, Sherry, Anis a Sesamöl. Gitt iwwer de Fësch a léisst et sanft aromatiséieren. Loosst fir 2 Stonnen, heiansdo réieren.

D'Marinade an enger Pan drainéieren an de Fësch op Pabeierhandtücher klappen. Zucker, Bouillon a verbleiwen Sojazooss addéieren.

marinéieren, bréngen fir ze kachen an 1 Minutt ze kachen. Wann d'Zooss muss verdicken, da mëscht de Maisstärke mat e bësse kale Waasser, fügen se an d'Zooss a simmer, réieren, bis d'Zooss déck ass.

Mëttlerweil, Hëtzt den Ueleg a braten de Fësch gëllenbraun. Drain gutt. Taucht d'Fëschstécker an d'Marinade a setzt op eng waarm Déngschtplat. Serve waarm oder kal.

gekachten Champignonen

Servéiert 4

12 grouss Kapellen vun gedréchent Champignonen

225 g Krab

3 Waasser Kastanien, gehackt

2 Frühstücks Zwiebelen (Scalions), fein gehackt

1 Ee wäiss

15 ml / 1 Esslöffel Mais Miel (Maisstärke)

15 ml / 1 Esslöffel Sojazooss

15 ml / 1 EL Rais Wäin oder dréchen Sherry

Soak de Schwamm iwwer Nuecht a waarme Waasser. Hug dréchen. Mix de Rescht vun den Zutaten a benotzt se fir d'Kappen vun de Champignonen ze fëllen. Plaz op engem Dampfrack a damp fir 40 Minutten. Serve waarm.

Champignonen an Austernzooss

Servéiert 4

10 gedréchent chinesesch Champignonen

250 ml / 8 fl oz / 1 Coupe Rëndfleesch Bouillon

15 ml / 1 Esslöffel Mais Miel (Maisstärke)

30 ml / 2 Esslöffel Austerzooss

5 ml / 1 TL Reis Wäin oder dréchen Sherry

Soak d'Champignonen am waarme Waasser fir 30 Minutten, dann drainéieren, reservéiert 250 ml / 8 fl oz / 1 Coupe vun der Soakflëssegkeet. Stämme wegwerfen. Mix 60 ml / 4 Esslöffel Rëndfleesch Bouillon mat Maisstärke bis Dir eng Paste kritt. Bréngt déi verbleiwen Rëndfleeschbouillon mat de Champignonen a Champignonflëssegkeet zum Kachen, iwwerdeckt a simmer fir 20 Minutten. Huelt d'Champignonen aus der Flëssegkeet mat engem Schlauchläffel a setzt op eng waarm Déngschtplack. Füügt d'Austerzooss a Sherry an d'Pan a simmer, réieren, fir 2 Minutten. Maisstärke Paste derbäi a kachen iwwer niddereg Hëtzt, réieren bis d'Sauce verdickt. Gitt iwwer d'Champignonen a servéiert direkt.

Schwäin an Zalot Rollen

Servéiert 4

4 gedréchent Chinesesch Champignonen

15 ml / 1 Esslöffel Erdnussueleg (Erdnuss).

225 g mageres Schwäin, Buedem

100 g gehackte Bambusscheiss

100 g gehackte Waasser Kastanien

4 Frühstücks Zwiebelen (Scalions), gehackt

175 g Crabmeat, a Flakelen

30 ml / 2 Esslöffel Reiswäin oder dréchen Sherry

15 ml / 1 Esslöffel Sojazooss

10 ml / 2 TL Austerzooss

10 ml / 2 TL Sesamöl

9 Chinese Blieder

Soak de Champignonen am waarme Waasser fir 30 Minutten, dann drainéieren. Huelt d'Stämm a schneiden d'Kappen. Den Ueleg erhëtzen an d'Schweinefleesch fir 5 Minutten frittéieren. Champignonen, Bambusscheiss, Waasserkastanen, Fréijoerszwiebelen a Krabbelfleesch addéieren a 2 Minutten frittéieren. Kombinéiert de Wäin oder Sherry, Sojazooss, Austerzooss a Sesamöl a réieren an der Pan. Ewechzehuelen vun

Hëtzt. Mëttlerweil blanchéieren d'chinesesch Blieder am kochendem Waasser fir 1 Minutt.

drain. Plaz en Esslöffel Schweinefleeschmëschung an der Mëtt vun all Blat, klappt d'Säiten erof a rullt op fir ze servéieren.

Schwäin a Kastanien Fleeschbäll

Servéiert 4

450 g Schweinefleesch (Buedem).

50 g Champignonen, fein gehackt

50 g Waasser Kastanien, fein gehackt

1 Knuewelek, zerquetscht

1 geschloen Ee

30 ml / 2 Esslöffel Sojazooss

15 ml / 1 EL Rais Wäin oder dréchen Sherry

5 ml / 1 TL fein gehackt Ingwer

5 ml / 1 Teelöffel Zocker

Salz

30 ml / 2 Esslöffel Mais Miel (Maisstärke)

frittéiert Ueleg

Mix all d'Ingredienten ausser de Maisstärke a bilden Kugelen mat der Mëschung. Roll de Maisstärke op. Den Ueleg erhëtzen an d'Fleeschbäll fir ongeféier 10 Minutten braten bis se gëllenbraun sinn. Gitt gutt virum Déngscht.

Schwäin dumplings

Servéiert 4, Äì6

450 g / 1 Pound Miel (also).

500 ml / 17 fl oz / 2 Tassen Waasser

450g gekachten Schwäin, Buedem

225 g geschälte Garnelen, gehackt

4 Stéck Sellerie, gehackt

15 ml / 1 Esslöffel Sojazooss

15 ml / 1 EL Rais Wäin oder dréchen Sherry

15 ml / 1 Esslöffel Sesamöl

5 ml / 1 Teelöffel Salz

2 Frühstücks Zwiebelen (Scalions), fein gehackt

2 Knuewelek, gehackt

1 Scheiwen Ingwer, fein gehackt

Mix Miel a Waasser bis den Teig mëll ass a gutt kneet. Deckt a loosst 10 Minutte raschten. Roll den Teig esou dënn wéi méiglech aus a schneiden en an 5 cm Kreeser. Mix all aner Zutaten zesummen. Setzt e Esslöffel Mëschung an all Krees, befeucht d'Kante a schléisst an engem Hallefkrees. Eng Pan mat Waasser kachen an dann de Gnocchi virsiichteg an d'Waasser erofsetzen.

Schwäin a Rëndfleesch Bunnen

Servéiert 4

100 g Schweinefleesch (Buedem).

100 g Rëndfleesch (Buedem).

1 Scheibe gerappte Speck, gehackt (gehackt)

15 ml / 1 Esslöffel Sojazooss

Salz a Peffer

1 geschloen Ee

30 ml / 2 Esslöffel Mais Miel (Maisstärke)

frittéiert Ueleg

Rëndfleesch a Speck vermëschen a mat Salz a Peffer würzen. Mam Ee vermëschen, Kugelen d'Gréisst vun enger Walnuss bilden a mat Maisstärke sprëtzen. Den Ueleg erhëtzen a braten bis gëllenbraun. Gitt gutt virum Déngscht.

Päiperlek Garnelen

Servéiert 4

450 g geschälte grouss Garnelen

15 ml / 1 Esslöffel Sojazooss

5 ml / 1 TL Reis Wäin oder dréchen Sherry

5 ml / 1 TL fein gehackt Ingwer

2,5 ml / ¬Ω Teelöffel Salz

2 geschlagen Eeër

30 ml / 2 Esslöffel Mais Miel (Maisstärke)

15 ml / 1 Esslöffel Miel (fir all Gebrauch).

frittéiert Ueleg

D'Garnelen an d'Mëtt vun de Lenden schneiden a se an der Form vun engem Päiperlek ausbreeden. Sojazooss, Wäin oder Sherry, Ingwer a Salz vermëschen. D'Garnelen iwwergoen a 30 Minutten marinéieren. Huelt aus der Marinade a klappt dréchen. D'Ee mam Maisstärke an d'Miel schloen bis Dir en Teig kritt an d'Garnelen an den Teig taucht. Den Ueleg erhëtzen an d'Garnelen braten bis se gëllenbraun sinn. Gitt gutt virum Déngscht.

Chinesesch Garnelen

Servéiert 4

450 g geschälte Garnelen

30 ml / 2 Esslöffel Worcestershire Zooss

15 ml / 1 Esslöffel Sojazooss

15 ml / 1 EL Rais Wäin oder dréchen Sherry

15 ml / 1 Esslöffel brong Zucker

Setzt d'Garnelen an eng Schossel. Déi aner Zutaten vermëschen, d'Garnelen iwwergoen a fir 30 Minutten marinéieren loossen. Transfer op e Bakblech a baken an engem virgehëtzten Ofen bei 150¬∞C / 300¬∞F / Gasmark 2 fir 25 Minutten. Serve waarm oder kal mat de Muschelen fir d'Gäscht ze kräischen.

Draachwollek

Servéiert 4

100 g Garnelen Cracker

frittéiert Ueleg

Hëtzt den Ueleg bis ganz waarm. Füügt eng Handvoll Garnelen gläichzäiteg a frittéiert fir e puer Sekonnen bis puffy. Huelt d'Ueleg eraus an drainéiert op Pabeierhandtücher, während Dir d'Kichelcher frittéiert.

knusprech Garnelen

Servéiert 4

450 g geschälte Tiger Garnelen

15 ml / 1 EL Rais Wäin oder dréchen Sherry

10 ml / 2 TL Sojazooss

5 ml / 1 Teelöffel fënnef Gewierzpulver

Salz a Peffer

90 ml / 6 Esslöffel Mais Miel (Maisstärke)

2 geschlagen Eeër

100 g Brout

Erdnussöl fir ze frittéieren

D'Garnelen mam Wäin oder Sherry, Sojazooss a Fënnef-Gewierzpulver vermëschen a mat Salz a Peffer würzen. Gitt se duerch d'Maismeal, gitt se dann duerch d'geschloen Ee an d'Brout. Fritt an kochendem Ueleg fir e puer Minutten bis gëllenbraun, drainéieren an direkt servéieren.

Garnelen mat Ingwer Zooss

Servéiert 4

15 ml / 1 Esslöffel Sojazooss

5 ml / 1 TL Reis Wäin oder dréchen Sherry

5 ml / 1 TL Sesamöl

450 g geschälte Garnelen

30 ml / 2 Esslöffel gehackte frësche Petersilie

15 ml / 1 Esslöffel Esseg

5 ml / 1 TL fein gehackt Ingwer

Sojazooss, Wäin oder Sherry a Sesamöl vermëschen. Gidd iwwer d'Garnelen, iwwerdeckt a léisst 30 Minutten marinéieren. Grill d'Garnelen e puer Minutten bis se gekacht sinn, Pinsel mat Marinade. Mëttlerweil mëschen d'Petersilie, Esseg an Ingwer zesummen fir mat de Garnelen ze servéieren.

Garnelen an Nuddelen

Servéiert 4

50 g Eeërpaste, a Stécker geschnidden

15 ml / 1 Esslöffel Erdnussueleg (Erdnuss).

50 g mageres Schweinefleesch, fein gehackt

100 g gehackte Champignonen

3 Frühstücks Zwiebelen (Scalions), gehackt

100 g geschälte Garnelen, gehackt

15 ml / 1 EL Rais Wäin oder dréchen Sherry

Salz a Peffer

24 wonton skins

1 geschloen Ee

frittéiert Ueleg

Kachen d'Nuddelen a kochendem Waasser fir 5 Minutten, drainéieren a schneiden. Den Ueleg erhëtzen an d'Schweinefleesch 4 Minutten frittéieren. D'Champignonen an d'Zwiebelen derbäisetzen a fir 2 Minutten frittéieren, dann vun der Hëtzt huelen. Der Garnelen, de Wäin oder de Sherry an d'Nuddelen derbäi a mat Salz a Peffer würzen. Setzt Läffele vun der Mëschung an der Mëtt vun all Wonton Haut a penséiert d'Kante mat geschlagen Ee. Klappt d'Kante an, rullt dann d'Wrapper op, d'Kante versiegelen. Den Ueleg erhëtzen an d'Rollen a frittéieren

e puer op enger Zäit fir ongeféier 5 Minutten bis gëllen brong. Drain op Pabeierhandtücher virum Déngscht.

Garnelen Toast

Servéiert 4

2 Eeër 450 g geschälte Garnelen, gehackt

15 ml / 1 Esslöffel Mais Miel (Maisstärke)

1 Zwiebel, fein gehackt

30 ml / 2 Esslöffel Sojazooss

15 ml / 1 EL Rais Wäin oder dréchen Sherry

5 ml / 1 Teelöffel Salz

5 ml / 1 TL fein gehackt Ingwer

8 Scheiwen Brout, an Dräieck geschnidden

frittéiert Ueleg

Mix 1 Ee mat all aner Zutaten ausser Brout an Ueleg. Gidd d'Mëschung iwwer d'Broutdräieck an dréckt an eng Kuppel. Molen mat dem Rescht Ee. Ongeféier 5 cm Ueleg erhëtzen an d'Broutdräiecke frittéieren bis se gëllenbraun sinn. Gitt gutt virum Déngscht.

Schwäin a Shrimp Wonton mat séiss a sauer Zooss

Servéiert 4

120 ml / 4 fl oz / ¬Ω Taass Waasser

60 ml / 4 Esslöffel Esseg

60 ml / 4 Esslöffel brong Zucker

30 ml / 2 Esslöffel Tomatenpaste √ © e (Pasta)

10 ml / 2 Teaspoen Mais Miel (Maisstärke)

25 g gehackte Champignonen

25 g geschälte Garnelen, gehackt

50 g mageres Schweinefleesch, Buedem

2 Frühstücks Zwiebelen (Scalions), gehackt

5 ml / 1 TL Sojazooss

2,5 ml / ¬Ω Teelöffel gerappte Ingwerwurzel

1 Knuewelek, zerquetscht

24 wonton skins

frittéiert Ueleg

Mix Waasser, Esseg, Zocker, Tomatenpurée a Maisstärke an engem Kasseroll. Bréngt e Kachen, dauernd réieren, a simmer fir 1 Minutt. Huelt vun der Hëtzt an halen waarm.

Kombinéiert Champignonen, Garnelen, Schweinefleesch, Zwiebelen, Sojazooss, Ingwer a Knuewel. Läffel e Läffel vun der Fëllung an all Schuel, wäscht d'Kante mat Waasser a dréckt fir ze versiegeln. Den Ueleg erwiermen an d'Wontons e puer gläichzäiteg frittéieren bis gëllenbraun. Drain op Pabeierhandtücher a servéiert waarm mat séisser a sauer Sauce.

Poulet Zopp

Maacht 2 Quarts / 3½ Punkten / 8½ Coupe

1,5 kg / 2 lbs gekachten oder réi Poulet Been

450 g Schwäin Been

1 cm / ½ Ingwerwurzel a Stécker

3 Frühstücks Zwiebelen (Scalions), geschnidden

1 Knuewelek, zerquetscht

5 ml / 1 Teelöffel Salz

2,25 Liter / 4pt / 10 Glieser Waasser

Bréngt all d'Ingredienten op Kachen, iwwerdeckt a simmer fir 15 Minutten. Fett eliminéieren. Deckt a kachen op niddereg Hëtzt fir 1 an eng hallef Stonn. Filter, killt a schütt. Afréiert a klenge Chargen oder am Frigo a benotzt bannent 2 Deeg.

Schweinefleesch a Bounen Spross Zopp

Servéiert 4

450 g Schweinefleesch

1,5 l / 2½ pt / 6 dl Pouletbouillon

5 Scheiwen Ingwerwurzel

350 g Bounen Sprossen

15 ml / 1 Esslöffel Salz

Blanchéiert d'Schweinefleesch am kochendem Waasser fir 10 Minutten, dann drain. Kachen d'Bouillon a fügen d'Schweinefleesch an den Ingwer derbäi. Deckt a kachen op niddereg Hëtzt fir 50 Minutten. D'Bounen Sprossen a Salz addéieren a fir 20 Minutten simmeren.

Abalone a Champignonsuppe

Servéiert 4

60 ml / 4 Esslöffel Erdnussueleg (Erdnuss).

100 g mageres Schweinefleesch, a Sträifen geschnidden

225 g Konserven Abalone, a Sträifen geschnidden

100 g Champignonen, geschnidden

2 Stéck Sellerie, geschnidden

50 g Ham, a Sträifen geschnidden

2 Zwiebelen, geschnidden

1,5 l / 2½ pt / 6 Tassen Waasser

30 ml / 2 Esslöffel Esseg

45 ml / 3 Esslöffel Sojazooss

2 Scheiwen Ingwer, gehackt

Salz a frësch gemalen Peffer

15 ml / 1 Esslöffel Mais Miel (Maisstärke)

45 ml / 3 Esslöffel Waasser

Den Ueleg erhëtzen an d'Schweinefleesch, d'Abalone, d'Champignonen, d'Sellerie, d'Schinken an d'Zwiebel fir 8 Minutten frittéieren. Waasser an Esseg dobäiginn, opkachen, iwwerdecken a fir 20 Minutten simmeren. Sojazooss, Ingwer,

Salz a Peffer dobäi ginn. Mix de Maisstärke bis Dir eng Paste domat kritt

Waasser, gitt an d'Zopp a simmer, réieren, fir 5 Minutten bis d'Zopp opgekläert a verdickt ass.

Poulet an Spargel Zopp

Servéiert 4

100 g Poulet, gerappt

2 Eeër

2,5 ml / ½ Teelöffel Salz

30 ml / 2 Esslöffel Mais Miel (Maisstärke)

225 g Spargelen, an 5 cm Stécker geschnidden

100 g Bounen Sprossen

1,5 l / 2½ pt / 6 dl Pouletbouillon

100 g Champignonen

De Poulet mam Eewäiss, Salz a Maisstärke vermëschen a 30 Minuten rouen loossen. Kachen de Poulet a kochendem Waasser fir ongeféier 10 Minutten bis se gekacht ass, gutt drainéieren. Blanchéiert d'Spargelen am kochendem Waasser fir 2 Minutten a drainéiert. Blanchéiert d'Bounen Sprossen am kochendem Waasser fir 3 Minutten a drainéiert. Gidd d'Bouillon an eng grouss Bratpfanne a füügt de Poulet, Spargelen, Champignonen a Bounen. Kachen a Saison mat Salz. Simmer fir e puer Minutten fir d'Aromen z'entwéckelen a bis d'Geméis mëll sinn awer nach knaschteg.

Bouillon

Servéiert 4

225 g Rëndfleesch (gehackt).

15 ml / 1 Esslöffel Sojazooss

15 ml / 1 EL Rais Wäin oder dréchen Sherry

15 ml / 1 Esslöffel Mais Miel (Maisstärke)

1,2 l / 2pt / 5 dl Poulet Bouillon

5 ml / 1 TL Chili Bounenzooss

Salz a Peffer

2 geschlagen Eeër

6 Frühstücks Zwiebelen, gehackt

Mix d'Fleesch mat der Sojazooss, dem Wäin oder Sherry an der Maisstärke. Füügt d'Bouillon a bréngt e lues a kachen ënner Rühr. Füügt déi schaarf Bounezooss a Saison mat Salz a Peffer, iwwerdeckt a simmer fir ongeféier 10 Minutten, heiansdo réieren. Eeër derbäisetzen a mat Fréijoerszwiebel bestreet servéieren.

Chinesesch Rëndfleesch a Blat Zopp

Servéiert 4

200 g mageres Rëndfleesch, a Sträifen geschnidden

15 ml / 1 Esslöffel Sojazooss

15 ml / 1 Esslöffel Erdnussueleg (Erdnuss).

1,5 l / 2½ pt / 6 dl Rëndfleesch Bouillon

5 ml / 1 Teelöffel Salz

2,5 ml / ½ Teelöffel Zocker

½ Kapp vu chinesesche Blieder a Stécker geschnidden

D'Fleesch mat der Sojazooss an Ueleg vermëschen a fir 30 Minutten marinéieren loossen, heiansdo réieren. Kachen d'Bouillon mat Salz an Zocker, addéieren d'Chinesesch Blieder a kachen iwwer niddereg Hëtzt fir ongeféier 10 Minutten bis bal duerchgekacht. D'Fleesch derbäisetzen a fir eng weider 5 Minutten kachen.

Kabes Zopp

Servéiert 4

60 ml / 4 Esslöffel Erdnussueleg (Erdnuss).

2 Zwiebelen, gehackt

100 g mageres Schweinefleesch, a Sträifen geschnidden

225 g Chinesesch Kabes, gerappt

10 ml / 2 Teaspoen Zocker

1,2 l / 2pt / 5 dl Poulet Bouillon

45 ml / 3 Esslöffel Sojazooss

Salz a Peffer

15 ml / 1 Esslöffel Mais Miel (Maisstärke)

Den Ueleg erhëtzen an d'Zwiebel a Schweinefleesch bis gëllenbrau frittéieren. Kabes an Zocker addéieren a 5 Minutten frittéieren. Bouillon a Soja addéieren a mat Salz a Peffer würzen. Bréngt e Kachen, iwwerdeckt a simmer fir 20 Minutten. De Maisstärke mat e bësse Waasser vermëschen, et an d'Zopp addéieren a réieren, bis d'Zopp verdickt a transparent gëtt.

Spicy Rëndfleesch Zopp

Servéiert 4

45 ml / 3 Esslöffel Erdnussueleg (Erdnuss).

1 Knuewelek, zerquetscht

5 ml / 1 Teelöffel Salz

225 g Rëndfleesch (gehackt).

6 Frühstückszwiebelen (Scalions), a Sträifen geschnidden

1 roude Peffer, a Sträifen geschnidden

1 gréng Peffer, a Sträifen geschnidden

225 g gehackte Kabes

1 l / 1¾pt / 4¼ Coupe Rëndfleesch Bouillon

30 ml / 2 Esslöffel Plum Zooss

30 ml / 2 Esslöffel Hoisinsauce

45 ml / 3 Esslöffel Sojazooss

2 Stécker vun stemless Ingwer, gehackt

2 eieren

5 ml / 1 TL Sesamöl

225 g gedréchent kloer Nuddelen

Den Ueleg erhëtzen an de Knuewel an d'Salz frittéieren bis gëllenbraun. D'Fleesch derbäisetzen a séier brong. Geméis addéieren a saute bis duerchsichteg. Dobäizemaachen Bouillon, Plum Zooss, Hoisin Zooss, 30ml/2

en Esslöffel Sojazooss an Ingwer, bréngt e Kachen a simmer 10 Minutten. D'Eeër mam Sesamöl an de Rescht vun der Sojazooss schloen. Füügt d'Zopp mat Nuddelen a kachen, réieren, bis d'Eeër Strécke bilden an d'Nuddelen mëll sinn.

himmlescher Zopp

Servéiert 4

2 Frühstücks Zwiebelen (Scalions), gehackt

1 Knuewelek, zerquetscht

30 ml / 2 Esslöffel gehackte frësche Petersilie

5 ml / 1 Teelöffel Salz

15 ml / 1 Esslöffel Erdnussueleg (Erdnuss).

30 ml / 2 Esslöffel Sojazooss

1,5 l / 2½ pt / 6 Tassen Waasser

Fréier Zwiebelen, Knuewel, Petersilie, Salz, Ueleg a Soja vermëschen. Kachen d'Waasser, schëdden d'Chebelmëschung uewen a loosst 3 Minutten.

Zopp mat Poulet a Bambusschéissen

Servéiert 4

2 Poulet Uewerschenkel

30 ml / 2 Esslöffel Erdnussueleg (Erdnuss).

5 ml / 1 TL Reis Wäin oder dréchen Sherry

1,5 l / 2½ pt / 6 dl Pouletbouillon

3 Fréijoerszwebel, geschnidden

100 g Bambusscheiss a Stécker geschnidden

5 ml / 1 TL fein gehackt Ingwer

Salz

Huelt de Poulet a schneiden d'Fleesch a Wierfel. Den Ueleg erhëtzen an de Poulet frittéieren bis en op alle Säiten brong ass. Bouillon, Fréijoerszwiebel, Bambusscheiss an Ingwer derbäisetzen, opkachen a fir ongeféier 20 Minutten kachen bis de Poulet mëll ass. Mat Salz virum Déngscht würzen.

Poulet a Mais Zopp

Servéiert 4

1 l / 1¾ pt / 4¼ Coupe Poulet Bouillon

100 g Poulet, gehackt

200 g séiss Mais Crème

d'Schinken schneiden, gehackt

geschlagen Eeër

15 ml / 1 EL Rais Wäin oder dréchen Sherry

Bréngt Bouillon a Poulet zu engem Kachen, iwwerdeckt a simmer fir 15 Minutten. Mais an Ham derbäisetzen, iwwerdecken a fir 5 Minutten simmeren. Eeër a Sherry derbäisetzen, lues mat engem Stéck réieren, sou datt d'Eeër Sträifen bilden. Huelt vun der Hëtzt, iwwerdeckt a loosst 3 Minutte raschten ier Dir servéiert.

Poulet Zopp an Ingwer

Servéiert 4

4 gedréchent Chinesesch Champignonen

1,5 l / 2½ pt / 6 dl Waasser oder Pouletbouillon

225 g Poulet Fleesch, an Cubes geschnidden

10 Scheiwen Ingwer

5 ml / 1 TL Reis Wäin oder dréchen Sherry

Salz

Soak de Champignonen am waarme Waasser fir 30 Minutten, dann drainéieren. Stämme wegwerfen. Kachen d'Waasser oder d'Bouillon mat den aneren Zutaten a simmer fir ongeféier 20 Minutten bis de Poulet gekacht ass.

Chinees Champignon Poulet Zopp

Servéiert 4

25 g gedréchent chinesesche Pilz

100 g Poulet, gerappt

50 g Bambusscheiss, gerappt

30 ml / 2 Esslöffel Sojazooss

30 ml / 2 Esslöffel Reiswäin oder dréchen Sherry

1,2 l / 2pt / 5 dl Poulet Bouillon

Soak de Champignonen am waarme Waasser fir 30 Minutten, dann drainéieren. Huelt d'Stämm a schneiden d'Toppen of. Blanchéiert Champignonen, Poulet a Bambusscheiss am kochendem Waasser fir 30 Sekonnen a drainéiert. Setzt se an eng Schossel a kombinéiere Sojazooss a Wäin oder Sherry. Loosst fir 1 Stonn marinéieren. D'Bouillon kachen, d'Hënnmëschung an d'Marinade addéieren. Mix gutt a simmer e puer Minutten bis de Poulet gekacht ass.

Poulet Zopp a Rais

Servéiert 4

1 l / $1\frac{3}{4}$ pt / $4\frac{1}{4}$ Coupe Poulet Bouillon

225 g / 8 oz / 1 Coupe gekachten laangkornreis

100 g gekachten Poulet, a Sträifen geschnidden

1 Zwiebel, a Scheiwen geschnidden

5 ml / 1 TL Sojazooss

Heizen all d'Ingredienten bis se waarm sinn ouni d'Zopp ze kachen.

Poulet a Kokosnoss Zopp

Servéiert 4

350 g Poulet Broscht

Salz

10 ml / 2 Teaspoen Mais Miel (Maisstärke)

30 ml / 2 Esslöffel Erdnussueleg (Erdnuss).

1 grénge Chili, gehackt

1 l / 1¾pt / 4¼ Coupë Kokosnoss Mëllech

5 ml / 1 TL Zitrouneschiel

12 litch

eng Prise geriwwe Muskat

Salz a frësch gemalen Peffer

2 Zitrounebalsam Blieder

D'Hënn Brust diagonal vum Parmesan Kéis a Sträifen schneiden. Sprinkle mat Salz a bedecken mat Maisstärke. Heizen 10 ml / 2 Teelöffel Ueleg an enger Wok, dréien a schëdden. Widderhuelen nach eng Kéier. De Rescht Ueleg erhëtzen an de Poulet an de Chili 1 Minutt frittéieren. D'Kokosnoss Mëllech derbäisetzen an e Kachen bréngen. D'Zitrouneschiel derbäisetzen a 5 Minutten op niddereg Hëtzt kachen. Lychee derbäisetzen, mat Muskat, Salz a Peffer würzen a mat Zitrounebalsam garnéiert servéieren.

Muschel Zopp

Servéiert 4

2 gedréchent chinesesch Champignonen

12 Muschelen, getrëppelt a geschrubbt

1,5 l / 2½ pt / 6 dl Pouletbouillon

50 g Bambusscheiss, gerappt

50 g Zocker Snap Erbsen, halbéiert

2 Frühstückszwiebelen (Scalions), a Réng geschnidden

15 ml / 1 EL Rais Wäin oder dréchen Sherry

eng Prise frësch gemalen Peffer

Soak de Champignonen am waarme Waasser fir 30 Minutten, dann drainéieren. Huelt d'Stämm a schneiden d'Toppen an d'Halschent. Dampft d'Muskelen ongeféier 5 Minutten bis se opmaachen; ewechzegeheien déi zou bleiwen. Huelt d'Muskelen aus hire Muschelen. Kachen d'Bouillon a fügen d'Champignonen, Bambusscheiss, Erbsen a Fréijoerszwebel dobäi. Kachen onbedeckt fir 2 Minutten. Muschelen, Wäin oder Sherry a Peffer addéieren a kachen bis se duerchhëtzt.

Ee Zopp

Servéiert 4

1,2 l / 2pt / 5 dl Poulet Bouillon

3 geschlagen Eeër

45 ml / 3 Esslöffel Sojazooss

Salz a frësch gemalen Peffer

4 Frühstücks Zwiebelen (Scalions), geschnidden

Bouillon kachen. Schloen déi geschlagen Eeër e bëssen gläichzäiteg, sou datt se a Strécke trennen. Sojazooss addéieren a mat Salz a Peffer würzen. Serve garnéiert mat Schnéi.

Krab an Jakobsmuschel Zopp

Servéiert 4

4 gedréchent Chinesesch Champignonen

15 ml / 1 Esslöffel Erdnussueleg (Erdnuss).

1 geschloen Ee

1,5 l / 2½ pt / 6 dl Pouletbouillon

175 g Crabmeat, a Flakelen

100 g geschuelte Jakobsmuschelen, geschnidden

100 g Bambusscheiss, geschnidden

2 Frühstücks Zwiebelen (Scalions), gehackt

1 Scheiwen Ingwer, fein gehackt

e puer gekachten a geschälte Garnelen (optional)

45 ml / 3 Esslöffel Mais Miel (Maisstärke)

90 ml / 6 Esslöffel Waasser

30 ml / 2 Esslöffel Reiswäin oder dréchen Sherry

20 ml / 4 TL Sojazooss

2 Eeër

Soak de Champignonen am waarme Waasser fir 30 Minutten, dann drainéieren. Huelt d'Stämm a schneiden d'Tops an dënn Scheiwen. Den Ueleg erhëtzen, d'Ee derbäisetzen an d'Pan kippen, sou datt d'Ee de Buedem deckt. Kach sief, dréinen a kachen op der anerer Säit. Huelt aus der Pan, rullt op a schneiden an dënn Läischte.

Bréngt d'Bouillon op e Kachen, addéiere Champignonen, Eeërstreifen, Krabbefleesch, Jakobsmuschelen, Bambusscheiss, Fréijoerszwiebel, Ingwer a Garnelen wann se benotzt ginn. Wieder kachen. De Maisstärke mat 60 ml / 4 Esslöffel Waasser, Wäin oder Sherry a Soja vermëschen a mat der Zopp vermëschen. Kachen iwwer niddereg Hëtzt, réieren bis d'Zopp verdickt. D'Eewäiss mam Rescht Waasser schloen bis steif a lues d'Mëschung an d'Zopp schëdden, kräfteg réieren.

Krabben Zopp

Servéiert 4

90 ml / 6 Esslöffel Erdnussueleg (Erdnuss).

3 Zwiebelen, gehackt

225 g wäiss a brong Krabbefleesch

1 Scheiwen Ingwer, fein gehackt

1,2 l / 2pt / 5 dl Poulet Bouillon

150 ml / ¼ pt / Glas Reis Wäin oder dréchen Sherry

45 ml / 3 Esslöffel Sojazooss

Salz a frësch gemalen Peffer

Den Ueleg erhëtzen an d'Zwiebel braten bis mëll awer net brong. D'Krabbefleesch an den Ingwer derbäisetzen a 5 Minutten frittéieren. Bouillon, Wäin oder Sherry a Sojazooss derbäisetzen, mat Salz a Peffer wierzen. Bréngt e Kachen a simmer fir 5 Minutten.

Fëschzopp

Servéiert 4

225 g Fëschfilet

1 Scheiwen Ingwer, fein gehackt

15 ml / 1 EL Rais Wäin oder dréchen Sherry

30 ml / 2 Esslöffel Erdnussueleg (Erdnuss).

1,5 l / 2½ pt / 6 dl Fëschbouillon

De Fësch an dënn Streifen géint de Kär schneiden. Den Ingwer, de Wäin oder de Sherry an den Ueleg vermëschen, de Fësch derbäisetzen a sanft mëschen. Loosst fir 30 Minutten marinéieren, heiansdo réieren. De Bouillon kachen, de Fësch derbäisetzen a fir 3 Minutten kachen.

Fësch an Zalot Zopp

Servéiert 4

225 g wäiss Fëschfilet

30 ml / 2 Esslöffel Miel (fir all Gebrauch).

Salz a frësch gemalen Peffer

90 ml / 6 Esslöffel Erdnussueleg (Erdnuss).

6 Frühstücks Zwiebelen (Scalions), geschnidden

100 g gehackte Salat

1,2 l / 2pt / 5 Tassen Waasser

10 ml / 2 Tsp fein gehackt Ingwerwurzel

150 ml / ¼ pt / ½ generéis Taass Reiswäin oder dréchen Sherry

30 ml / 2 Esslöffel Mais Miel (Maisstärke)

30 ml / 2 Esslöffel gehackte frësche Petersilie

10 ml / 2 Teaspoen Zitrounejus

30 ml / 2 Esslöffel Sojazooss

De Fësch an dënn Streifen schneiden an dann duerch d'gewierzte Miel passéieren. Den Ueleg erhëtzen an d'Fréijoerszweil bis mëll frittéieren. D'Zalot derbäisetzen an 2 Minutten frittéieren. Fügt de Fësch derbäi a kachen fir 4 Minutten. Waasser, Ingwer a Wäin oder Sherry derbäisetzen, opkachen, iwwerdecken a 5 Minuten daueren. De Maisstärke mat e bësse Waasser vermëschen an dann an d'Zopp setzen. Simmer iwwer niddereg Hëtzt, réieren fir weider 4 Minutten bis d'Zopp verdickt

spülen an dann mat Salz a Peffer wierzen. Serve mat Petersilie, Zitrounejus a Soja bestreiden.

Ingwer Zopp mat Fleeschbäll

Servéiert 4

5 cm / 2 a Stécker Ingwer, gerappt

350 g brong Zocker

1,5 l / 2½ pt / 7 Tassen Waasser

225 g / 8 oz / 2 Coupe Reis Miel

2,5 ml / ½ Teelöffel Salz

60 ml / 4 Esslöffel Waasser

Den Ingwer, Zocker a Waasser an eng Kasseroll setzen a beim Réieren opkachen. Deckt a kachen fir ongeféier 20 Minutten. Drainéiert d'Zopp a gitt se an d'Pan zréck.

Mëttlerweil setzen d'Miel an d'Salz an eng Schossel a vermëschen e bëssen gläichzäiteg mat genuch Waasser fir en décke Teig ze maachen. Kugelen formen an de Gnocchi an d'Zopp schëdden. Bréngt d'Zopp erëm op Kachen, iwwerdeckt a kachen fir weider 6 Minutten bis d'Gnocchi gekacht sinn.

waarm a sauere Zopp

Servéiert 4

8 gedréchent chinesesch Champignonen

1 l / 1¾ pt / 4¼ Coupe Poulet Bouillon

100 g Poulet, a Sträifen geschnidden

100 g Bambusscheiss a Sträifen geschnidden

100 g Tofu, a Sträifen geschnidden

15 ml / 1 Esslöffel Sojazooss

30 ml / 2 Esslöffel Esseg

30 ml / 2 Esslöffel Mais Miel (Maisstärke)

2 geschlagen Eeër

e puer Tropfen Sesamöl

Soak de Champignonen am waarme Waasser fir 30 Minutten, dann drainéieren. Huelt d'Stämm a schneiden d'Kappen a Sträifen. Bréngt Champignonen, Bouillon, Poulet, Bambusscheiss an Tofu zum Kachen, iwwerdecken a simmer fir 10 Minutten. Sojazooss, Esseg a Maisstärke vermëschen bis glat, addéieren an d'Zopp a simmer 2 Minutten bis d'Zopp fäerdeg ass. Lues a lues d'Eeër an d'Sesamöl derbäi, mat engem Stéck réieren. Deckt a léisst 2 Minutte virum Déngscht stoen.

Champignonsuppe

Servéiert 4

15 gedréchent chinesesch Champignonen

1,5 l / 2½ pt / 6 dl Pouletbouillon

5 ml / 1 Teelöffel Salz

Taucht d'Pilze fir 30 Minutten a waarme Waasser an dann drainéieren, reservéiert d'Flëssegkeet. Huelt d'Stämm a schneiden d'Tops an d'Halschent wann se grouss sinn a setzen an e grousst Hëtztbehälter. Setzt de Container op engem Rack an engem Dampfer. De Bouillon kachen, iwwer d'Pilze schëdden, iwwerdecken an 1 Stonn am kochendem Waasser dampen. Saison mat Salz a servéieren.

Champignonen a Kabes Zopp

Servéiert 4

25 g gedréchent chinesesche Pilz

15 ml / 1 Esslöffel Erdnussueleg (Erdnuss).

50 g / 2 oz Buedem Chinesesch Blieder

15 ml / 1 EL Rais Wäin oder dréchen Sherry

15 ml / 1 Esslöffel Sojazooss

1,2 l / 2 Punkten / 5 dl Poulet oder Geméis Bouillon

Salz a frësch gemalen Peffer

5 ml / 1 TL Sesamöl

Soak de Champignonen am waarme Waasser fir 30 Minutten, dann drainéieren. Huelt d'Stämm a schneiden d'Toppen of. Hëtzt Ueleg a frittéiert Champignonen a Chinesesch Blieder fir 2 Minutten bis gutt beschichtet. Deglaze mam Wäin oder Sherry a Sojazooss, da setzt d'Bouillon derbäi. Bréngt e Kachen, Saison mat Salz a Peffer a simmer fir 5 Minutten. Sprinkle mat Sesam Ueleg virum Déngscht.

Champignon Ee Zopp

Servéiert 4

1 l / 1¾ pt / 4¼ Coupe Poulet Bouillon

30 ml / 2 Esslöffel Mais Miel (Maisstärke)

100 g Champignonen, geschnidden

1 Scheiwen Zwiebel, fein gehackt

Prise Salz

3 Drëpsen Sesamöl

2,5 ml / ½ Teelöffel Sojazooss

1 geschloen Ee

Mëscht e bësse Bouillon mat der Maisstärke an dann all d'Ingredienten ausser d'Ee. Bréngt e Kachen, iwwerdeckt a simmer fir 5 Minutten. D'Ee beim Rühren mat engem Staang derbäisetzen, sou datt d'Ee Fuedem formt. Huelt vun der Hëtzt a loosst 2 Minutte raschten ier Dir servéiert.

Champignons- a Kastanjesuppe mat Waasser

Servéiert 4

1 l / 1¾ pt / 4¼ Coupe Geméisbouillon oder Waasser

2 Zwiebelen, fein gehackt

5 ml / 1 TL Reis Wäin oder dréchen Sherry

30 ml / 2 Esslöffel Sojazooss

225 g Champignonen

100 g Waasser Kastanien, geschnidden

100 g Bambusscheiss, geschnidden

e puer Tropfen Sesamöl

2 Zalot Blieder, a Stécker geschnidden

2 Frühstückszwiebelen (Scalions), a Stécker geschnidden

Kachen Waasser, Zwiebel, Wäin oder Sherry a Sojazooss, iwwerdecken a simmer 10 Minutten. Champignonen, Waasserkastanen a Bambusscheiss addéieren, iwwerdecken a fir 5 Minutten simmeren. Sesam Ueleg, Salat Blieder a Fréijoer Ënnen dobäi, ewechzehuelen vun Hëtzt, iwwerdeckt an 1 Minutt stoe loossen ier Dir zerwéiert.

Schwäin a Champignonsuppe

Servéiert 4

60 ml / 4 Esslöffel Erdnussueleg (Erdnuss).

1 Knuewelek, zerquetscht

2 Zwiebelen, geschnidden

225 g mageres Schweinefleesch, a Sträifen geschnidden

1 Steng Sellerie, gehackt

50 g Champignonen, geschnidden

2 Karotten, geschnidden

1,2 l / 2pt / 5 dl Rëndfleesch Bouillon

15 ml / 1 Esslöffel Sojazooss

Salz a frësch gemalen Peffer

15 ml / 1 Esslöffel Mais Miel (Maisstärke)

Hëtzt Ueleg a frittéiert Knuewelek, Zwiebel a Schwäin bis d'Zwiebel mëll a liicht brong ass. Sellerie, Champignonen a Muerten addéieren, iwwerdecken a 10 Minuten simmeren. Kacht d'Bouillon, fügen se dann an d'Pan mat der Sojazooss a Saison mat Salz a Peffer. De Maisstärke mat e bësse Waasser vermëschen, dann an d'Pan schëdden a kachen, réieren, fir ongeféier 5 Minutten.

Schweinefleesch a Waasserkressuppe

Servéiert 4

1,5 l / 2½ pt / 6 dl Pouletbouillon

100 g mageres Schweinefleesch, a Sträifen geschnidden

3 Steng Sellerie, diagonal geschnidden

2 Frühstücks Zwiebelen (Scalions), geschnidden

1 Rëtsch Waasserkrasse

5 ml / 1 Teelöffel Salz

Bréngt d'Bouillon op e Kachen, füügt d'Schweinefleesch an d'Sellerie derbäi, iwwerdeckt a simmer fir 15 Minutten. Füügt d'Fréijoerszwebel, d'Kräser an d'Salz a loosst ongeféier 4 Minutten ouni Deckel kachen.

Schwäin Gurken Zopp

Servéiert 4

100 g mageres Schweinefleesch, dënn geschnidden

5 ml / 1 TL Mais Miel (Maisstärke)

15 ml / 1 Esslöffel Sojazooss

15 ml / 1 EL Rais Wäin oder dréchen Sherry

1 Gurke

1,5 l / 2½ pt / 6 dl Pouletbouillon

5 ml / 1 Teelöffel Salz

Mix Schweinefleesch, Maisstärke, Sojazooss a Wäin oder Sherry. Stir fir de Schweinefleesch ze beschichten. D'Gurken schielen an d'Längt an d'Halschent halen, dann d'Somen ewechhuelen. An décke Scheiwen schneiden. Bréngt de Bouillon op Kachen, addéiere de Schweinefleesch, iwwerdeckt a simmer fir 10 Minutten. Gurke derbäisetzen an e puer Minutten kachen bis se duerchsichteg sinn. D'Salz derbäisetzen an e bësse méi Soja derbäi wann Dir wëllt.

Zopp mat Fleeschbäll an Nuddelen

Servéiert 4

50 g Reis Nuddelen

225 g Schweinefleesch (Buedem).

5 ml / 1 TL Mais Miel (Maisstärke)

2,5 ml / ½ Teelöffel Salz

30 ml / 2 Esslöffel Waasser

1,5 l / 2½ pt / 6 dl Pouletbouillon

1 Fréijoër Zwiebel (Sauce), fein gehackt

5 ml / 1 TL Sojazooss

Soak d'Nuddelen am kale Waasser wärend Dir d'Fleeschbäll preparéiert. Mix de Schweinefleesch, Maisstärke, e bësse Salz a Waasser a bilden Kugelen d'Gréisst vun enger Walnuss. Bréngt en Dëppe Waasser zum Kachen, füügt d'Schweinehackbäll derbäi, iwwerdeckt a simmer 5 Minutten. Gutt drainéieren an d'Nuddelen drainéieren. Bréngt d'Bouillon op Kachen, füügt d'Schweinefleeschbäll an d'Nuddelen derbäi, iwwerdeckt a simmer fir 5 Minutten. Füügt d'Fréijoerszwebel, d'Sojazooss an d'Rescht Salz a simmer fir eng weider 2 Minutten.

Spinat an Tofu Zopp

Servéiert 4

1,2 l / 2pt / 5 dl Poulet Bouillon

200 g Konserven Tomaten, drainéiert a gehackt

225 g Tofu, geschnidden

225 g Spinat, gehackt

30 ml / 2 Esslöffel Sojazooss

5 ml / 1 TL brong Zucker

Salz a frësch gemalen Peffer

Bouillon kachen, dann Tomaten, Tofu a Spinat dobäiginn a liicht mëschen. Bréngt erëm e Kachen a kachen fir 5 Minutten. Soja an Zocker addéieren a mat Salz a Peffer wierzen. Simmer fir 1 Minutt virum Déngscht.

Séiss Mais a Krabschocker

Servéiert 4

1,2 l / 2pt / 5 dl Poulet Bouillon

200 g séiss Mais

Salz a frësch gemalen Peffer

1 geschloen Ee

200 g Crabmeat, a Flakelen

3 Schalotten, gehackt

Bouillon kachen, Mais derbäisetzen a mat Salz a Peffer würzen. Kachen op niddereg Hëtzt fir 5 Minutten. Just virum Déngscht briechen d'Eeër mat enger Gabel a réieren se iwwer d'Zopp. Serve mat Krabbefleesch a gehackte Schalotten bestreiden.

Sichuan Zopp

Servéiert 4

4 gedréchent Chinesesch Champignonen

1,5 l / 2½ pt / 6 dl Pouletbouillon

75 ml / 5 Esslöffel trockenem wäisse Wäin

15 ml / 1 Esslöffel Sojazooss

2,5 ml / ½ Teelöffel waarm Zooss

30 ml / 2 Esslöffel Mais Miel (Maisstärke)

60 ml / 4 Esslöffel Waasser

100 g mageres Schweinefleesch, a Sträifen geschnidden

50g gekachten Ham, a Sträifen geschnidden

1 roude Peffer, a Sträifen geschnidden

50 g Waasser Kastanien, geschnidden

10 ml / 2 Teaspoen Esseg

5 ml / 1 TL Sesamöl

1 geschloen Ee

100 g geschälte Garnelen

6 Frühstücks Zwiebelen, gehackt

175 g Tofu, geschnidden

Soak de Champignonen am waarme Waasser fir 30 Minutten, dann drainéieren. Huelt d'Stämm a schneiden d'Toppen of. Bréngt de Bouillon, de Wäin, d'Soja

Zooss a Chili Zooss fir ze kachen, iwwerdecken a simmer fir 5 Minutten. Maisstärke mat der Halschent vum Waasser vermëschen an der Zopp dobäi ginn, bis déck réieren. Champignonen, Schweinefleesch, Ham, Peffer a Waasserkastanen derbäisetzen a 5 Minuten daueren. Mix den Esseg a Sesamöl. D'Ee mam Rescht Waasser schloën an an d'Zopp schëdden, kräfteg réieren. Füügt d'Garnelen, d'Fréijoerszwiebel an den Tofu derbäi a simmer fir e puer Minutten fir ze waarm ze ginn.

tofu Zopp

Servéiert 4

1,5 l / 2½ pt / 6 dl Pouletbouillon

225 g Tofu, geschnidden

5 ml / 1 Teelöffel Salz

5 ml / 1 TL Sojazooss

De Bouillon kachen an Tofu, Salz a Sojazooss addéieren. Simmer fir e puer Minutten bis den Tofu waarm ass.

Fësch an Tofu Zopp

Servéiert 4

225 g wäiss Fëschfilet, a Sträifen geschnidden

150 ml / ¼ pt / ½ generéis Taass Reiswäin oder dréchen Sherry

10 ml / 2 Tsp fein gehackt Ingwerwurzel

45 ml / 3 Esslöffel Sojazooss

2,5 ml / ½ Teelöffel Salz

60 ml / 4 Esslöffel Erdnussueleg (Erdnuss).

2 Zwiebelen, gehackt

100 g Champignonen, geschnidden

1,2 l / 2pt / 5 dl Poulet Bouillon

100 g Tofu, geschnidden

Salz a frësch gemalen Peffer

Plaz de Fësch an eng Schossel. Wäin oder Sherry, Ingwer, Soja a Salz vermëschen an iwwer de Fësch schëdden. Loosst fir 30 Minutten marinéieren. Den Ueleg erhëtzen an d'Zwiebel 2 Minutten frittéieren. Füügt d'Pilze derbäi a fuert weider bis d'Zwiebelen mëll sinn awer net brong. Füügt de Fësch an d'Marinade, bréngt e Kachen, iwwerdeckt a simmer fir 5 Minutten. Füügt d'Bouillon, bréngt e Kachen, iwwerdeckt a simmer fir 15 Minutten. Den Tofu addéieren a mat Salz a Peffer würzen. Kachen bis den Tofu gekacht ass.

Tomaten Zopp

Servéiert 4

400 g Konserven Tomaten, drainéiert a gehackt

1,2 l / 2pt / 5 dl Poulet Bouillon

1 Scheiwen Ingwer, fein gehackt

15 ml / 1 Esslöffel Sojazooss

15 ml / 1 EL Chilisauce

10 ml / 2 Teaspoen Zocker

All d'Ingredienten an engem Kasseroll setzen a bréngen fir ze kachen, heiansdo réieren. Kachen fir ongeféier 10 Minutte virum Déngscht.

Tomate a Spinat Zopp

Servéiert 4

1,2 l / 2pt / 5 dl Poulet Bouillon

225 g gehackte Tomaten an enger Dose

225 g Tofu, geschnidden

225 g Spinat

30 ml / 2 Esslöffel Sojazooss

Salz a frësch gemalen Peffer

2,5 ml / ½ Teelöffel Zocker

2,5 ml / ½ Teelöffel Reiswäin oder dréchen Sherry

Bréngt de Bouillon zum Kachen, da füügt d'Tomaten, den Tofu an d'Spinat derbäi a kacht fir 2 Minutten. Füügt déi reschtlech Zutaten derbäi a simmer fir 2 Minutten, da gutt mëschen a servéieren.

Rüben Zopp

Servéiert 4

1 l / 1¾ pt / 4¼ Coupe Poulet Bouillon

1 grouss Rüben, dënn geschnidden

200 g mageres Schweinefleesch, dënn geschnidden

15 ml / 1 Esslöffel Sojazooss

60 ml / 4 Esslöffel Brandy

Salz a frësch gemalen Peffer

4 Schalotten, fein gehackt

Bréngt d'Bouillon op Kachen, addéiere de Rüben an d'Schweinefleesch, iwwerdeckt a simmer fir 20 Minutten bis d'Ripp mëll ass an d'Fleesch gekacht ass. Kombinéieren Sojazooss a Brandy Gewierz fir ze schmaachen. Kachen bis waarm a servéiere mat Schalotten gesprëtzt.

Zopp

Servéiert 4

6 gedréchent chinesesch Champignonen

1 l / 1¾ pt / 4¼ Coupe Geméis Bouillon

50 g Bambusscheiss a Sträifen geschnidden

50 g Waasser Kastanien, geschnidden

8 Erbsen, geschnidden

5 ml / 1 TL Sojazooss

Soak de Champignonen am waarme Waasser fir 30 Minutten, dann drainéieren. Huelt d'Stämm a schneiden d'Kappen a Sträifen. Füügt se an d'Bouillon mat Bambusscheiss a Waasserkastanen a bréngt et zum Kachen, iwwerdeckt a simmer fir 10 Minutten. Schnéi Erbsen a Soja addéieren, iwwerdecken a fir 2 Minutten simmeren. Loosst 2 Minutte virum Déngscht stoen.

vegetaresch Zopp

Servéiert 4

¼ Kabes

2 Karotten

3 Steng Sellerie

2 Fréijoers Zwiebelen (Shalotten)

30 ml / 2 Esslöffel Erdnussueleg (Erdnuss).

1,5 l / 2½ pt / 6 Tassen Waasser

15 ml / 1 Esslöffel Sojazooss

15 ml / 1 EL Rais Wäin oder dréchen Sherry

5 ml / 1 Teelöffel Salz

frësch gemalen Peffer

D'Geméis a Sträifen schneiden. Den Ueleg erhëtzen an d'Geméis 2 Minutten frittéieren, bis se ufänken ze mëllen. De Rescht vun den Zutaten derbäisetzen, e Kachen bréngen, iwwerdecken a 15 Minuten daueren.

watercress Zopp

Servéiert 4

1 l / 1¾ pt / 4¼ Coupe Poulet Bouillon

1 Zwiebel, fein gehackt

1 Steng Sellerie, fein gehackt

225 g Waasserkress, grof gehackt

Salz a frësch gemalen Peffer

Bréngt Bouillon, Zwiebel a Sellerie zum Kachen, iwwerdecken a simmer fir 15 Minutten. Kasserol derbäisetzen, iwwerdecken a 5 Minutten kachen. Saison mat Salz a Peffer.

Frittéiert Fësch mat Geméis

Servéiert 4

4 gedréchent Chinesesch Champignonen

4 ganz Fësch, gebotzt an ouni Schuppen

frittéiert Ueleg

30 ml / 2 Esslöffel Mais Miel (Maisstärke)

45 ml / 3 Esslöffel Erdnussueleg (Erdnuss).

100 g Bambusscheiss a Sträifen geschnidden

50 g Waasserkastanen, a Sträifen geschnidden

50 g Chinesesch Kabes, gehackt

2 Scheiwen Ingwer, gehackt

30 ml / 2 Esslöffel Reiswäin oder dréchen Sherry

30 ml / 2 Esslöffel Waasser

15 ml / 1 Esslöffel Sojazooss

5 ml / 1 Teelöffel Zocker

120 ml / 4 fl oz / ¬Ω Coupe Fëschbouillon

Salz a frësch gemalen Peffer

¬Ω Kapp vun Zalot, gerappt

15 ml / 1 Esslöffel gehackte Petersilie Blieder

Soak de Champignonen am waarme Waasser fir 30 Minutten, dann drainéieren. Huelt d'Stämm a schneiden d'Toppen of. Sprëtzen de Fësch an der Mëtt

Maismiel a schütt den Iwwerschoss of. Den Ueleg erhëtzen an de Fësch ongeféier 12 Minutte frittéieren bis se gekacht ass. Drain op Pabeierhandtücher a waarm halen.

Den Ueleg erhëtzen a Champignonen, Bambusscheiss, Waasserkastanen a wäisse Kabes fir 3 Minutten frittéieren. Ginger, Wäin oder Sherry, 15 ml / 1 Esslöffel Waasser, Soja an Zocker addéieren a 1 Minutt frittéieren. Bouillon, Salz a Peffer derbäisetzen, e Kachen bréngen, iwwerdecken a 3 Minutten simmeren. De Maisstärke mam Rescht Waasser vermëschen, et an d'Pan schëdden a réieren, bis d'Sauce déck ass. D'Zalot op engem Déngschtplat leeën an de Fësch drop leeën. Geméis an Zooss iwwergoen a mat Petersilie garnéiert servéieren.

Gebakene ganze Fësch

Servéiert 4

1 grousse Mier Bass oder ähnlech Fësch

45 ml / 3 Esslöffel Mais Miel (Maisstärke)

45 ml / 3 Esslöffel Erdnussueleg (Erdnuss).

1 gehackte Zwiebel

2 Knuewelek, gehackt

50 g Ham, a Sträifen geschnidden

100 g geschälte Garnelen

15 ml / 1 Esslöffel Sojazooss

15 ml / 1 EL Rais Wäin oder dréchen Sherry

5 ml / 1 Teelöffel Zocker

5 ml / 1 Teelöffel Salz

Deckt de Fësch mat Maisstärke. Ueleg erhëtzen a Ënn a Knuewel frittéiert bis gëllenbraun. Fügt de Fësch derbäi a fritt op béide Säiten bis gëllenbraun. De Fësch op e Blat Aluminiumfolie an engem Bakblech leeën a mat Ham a Garnelen garnéieren. Sojazooss, Wäin oder Sherry, Zocker a Salz an d'Pan addéieren a gutt mëschen. Gitt iwwer de Fësch, schloe d'Folie uewen a baken an engem virgehëtzten Ofen bei 150¬∞C / 300¬∞F / Gasmark 2 fir 20 Minutten.

Gegrillte Soja Fësch

Servéiert 4

1 grousse Mier Bass oder ähnlech Fësch

Salz

50 g / 2 oz / ¬Ω Coupe Allzweck Miel.

60 ml / 4 Esslöffel Erdnussueleg (Erdnuss).

3 Scheiwen Ingwerwurzel, gehackt

3 Frühstücks Zwiebelen (Scalions), gehackt

250 ml / 8 fl oz / 1 Coupe Waasser

45 ml / 3 Esslöffel Sojazooss

15 ml / 1 EL Rais Wäin oder dréchen Sherry

2,5 ml / ¬Ω Teelöffel Zocker

De Fësch botzen a scaléiert a schneide se diagonal op béide Säiten. Sprinkle mat Salz a loosst 10 Minutten stoen. Den Ueleg erhëtzen an de Fësch op béide Säiten bis gëllenbraun frittéieren, emol ëmdréinen a beim Kachen mat Ueleg bastelen. Den Ingwer, Fréijoerszweil, Waasser, Sojazooss, Wäin oder Sherry an Zocker addéieren, opkachen, iwwerdecken a 20 Minutte simmer bis de Fësch gekacht ass. Serve waarm oder kal.

Soja Fësch mat Austerzooss

Servéiert 4

1 grousse Mier Bass oder ähnlech Fësch

Salz

60 ml / 4 Esslöffel Erdnussueleg (Erdnuss).

3 Frühstücks Zwiebelen (Scalions), gehackt

2 Scheiwen Ingwer, gehackt

1 Knuewelek, zerquetscht

45 ml / 3 Esslöffel Austerzooss

30 ml / 2 Esslöffel Sojazooss

5 ml / 1 Teelöffel Zocker

250 ml / 8 fl oz / 1 Taass Fëschbouillon

Propper a Skala de Fësch a markéiert diagonal e puer Mol op all Säit. Sprinkle mat Salz a loosst 10 Minutten stoen. De gréissten Deel vum Ueleg erhëtzt an de Fësch op béide Säiten gëllenbraun gebrannt, eemol dréien. Mëttlerweil hëtzt de Rescht Ueleg an enger getrennter Pan a frittéiert d'Fréijoerszwiebel, den Ingwer an de Knuewel bis gëllenbraun. Austerzooss, Soja an Zocker addéieren a 1 Minutt frittéieren. Füügt d'Bouillon a bréngt e Kachen. Gidd d'Mëschung an den Dorado Fësch, bréngt e Kachen, iwwerdecken a kachen fir ca.

15 Minutten bis de Fësch duerchgekacht ass, dréint eemol oder zweemol beim Kachen.

gedämpft Mier Bass

Servéiert 4

1 grousse Mier Bass oder ähnlech Fësch

2,25 l / 4 Stéck / 10 Glieser Waasser

3 Scheiwen Ingwerwurzel, gehackt

15 ml / 1 Esslöffel Salz

15 ml / 1 EL Rais Wäin oder dréchen Sherry

30 ml / 2 Esslöffel Erdnussueleg (Erdnuss).

Propper a Skala de Fësch a markéiert zwou Säiten e puer Mol diagonal. Kachen d'Waasser an engem grousse Kasseroll an addéieren déi aner Zutaten. Huelt de Fësch am Waasser, iwwerdeckt enk, schalt d'Hëtzt aus a loosst et 30 Minutte raschten bis de Fësch gekacht ass.

Gegrillte Fësch mat Champignonen

Servéiert 4

4 gedréchent Chinesesch Champignonen

1 grousse Karpfen oder ähnlechen Fësch

Salz

45 ml / 3 Esslöffel Erdnussueleg (Erdnuss).

2 Frühstücks Zwiebelen (Scalions), gehackt

1 Scheiwen Ingwer, fein gehackt

3 Knuewelekszéiwen, gehackt

100 g Bambusscheiss a Sträifen geschnidden

250 ml / 8 fl oz / 1 Taass Fëschbouillon

30 ml / 2 Esslöffel Sojazooss

15 ml / 1 EL Rais Wäin oder dréchen Sherry

2,5 ml / ¬Ω Teelöffel Zocker

Soak de Champignonen am waarme Waasser fir 30 Minutten, dann drainéieren. Huelt d'Stämm a schneiden d'Toppen of. De Fësch e puer Mol op béide Säiten diagonal schneiden, mat Salz sprëtzen a 10 Minuten rouen loossen. Den Ueleg erhëtzen an de Fësch op béide Säiten gëllenbraun frittéieren. Füügt d'Fréijoërszwiebel, den Ingwer an de Knuewel an a frittéiert 2 Minutten. Füügt aner Zutaten, bréngt e Kachen, iwwerdeckt a kachen fir 15 Minutten bis de Fësch gekacht ass, eemol oder zweemol ëmdréinen, heiansdo réieren.

séiss a sauere Fësch

Servéiert 4

1 grousse Mier Bass oder ähnlech Fësch

1 geschloen Ee

50 g Mais Miel (Maisstärke)

frittéiert Ueleg

Fir d'Zooss:

15 ml / 1 Esslöffel Erdnussueleg (Erdnuss).

1 gréng Peffer, a Sträifen geschnidden

100 g Konserven Ananas am Sirop

1 Zwiebel, a Scheiwen geschnidden

100 g / 4 oz / ¬Ω Coupe brong Zucker

60 ml / 4 Esslöffel Poulet Bouillon

60 ml / 4 Esslöffel Esseg

15 ml / 1 Esslöffel Tomatenpaste √ © e (Pasta)

15 ml / 1 Esslöffel Mais Miel (Maisstärke)

15 ml / 1 Esslöffel Sojazooss

3 Frühstücks Zwiebelen (Scalions), gehackt

De Fësch botzen an d'Finnen a Kapp erofhuelen wann Dir wëllt. Gitt et duerch dat geschlagen Ee an dann duerch de Maisstärke. Den Ueleg erhëtzen an de Fësch ubroden bis se gekacht ass. Drain gutt a waarm halen.

Fir d'Zooss ze maachen, Hëtzt den Ueleg a frittéiert d'Pfeffer, d'drainéiert Ananas an d'Zwiebel fir 4 Minutten. 30 ml / 2 Esslöffel Ananassirop, Zocker, Bouillon, Esseg, Tomatepaste, Maisstärke a Sojazooss derbäisetzen a bréngé fir ze kachen, réieren. Simmer iwwer niddereg Hëtzt, réieren, bis d'Sauce kläert a verdickt. Iwwer de Fësch schëdden an zerwéieren mat Fréijoerszwiebel bestrëtzt.

Schweinefleesch gefüllte Fësch

Servéiert 4

1 grousse Karpfen oder ähnlechen Fësch

Salz

100 g Schweinefleesch (Buedem).

1 Fréijoër Ënnen (Schëlleren), gehackt

4 Scheiwen Ingwerwurzel, gehackt

15 ml / 1 Esslöffel Mais Miel (Maisstärke)

60 ml / 4 Esslöffel Sojazooss

15 ml / 1 EL Rais Wäin oder dréchen Sherry

5 ml / 1 Teelöffel Zocker

75 ml / 5 Esslöffel Erdnussueleg (Erdnuss).

2 Knuewelek, gehackt

1 Zwiebel, geschnidden

300 ml / ¬Ω pt / 1¬° Taass Waasser

De Fësch botzen a schneiden a mat Salz sprëtzen. D'Schweinefleesch, d'Fréijoerszweil, e bëssen Ingwer, Maisstärke, 15ml / 1 EL Sojazooss, Wäin oder Sherry an Zocker vermëschen a benotzen fir de Fësch ze stuffen. Den Ueleg erhëtzen an de Fësch op béide Säiten gëllenbraune frittéieren, dann aus der Pan eraushuelen an de gréissten Deel vum Ueleg drainéieren. De Rescht vum Knuewel an den Ingwer derbäisetzen a bis gëllenbraun frittéieren.

Füügt déi verbleiwen Sojazooss a Waasser, bréngt e Kachen a simmer fir 2 Minutten. Huelt de Fësch zréck an d'Pan, iwwerdeckt a simmer fir ongeféier 30 Minutten bis de Fësch gekacht ass, eemol oder zweemol ëmdréinen.

Gegrillte Karpfen

Servéiert 4

1 grousse Karpfen oder ähnlechen Fësch

150 ml / ¬° pt / vill Coupe ¬Ω Erdnussueleg (Erdnuss).

15 ml / 1 Esslöffel Zocker

2 Knuewelek, fein gehackt

100 g Bambusscheiss, geschnidden

150 ml / ¬° pt / gutt ¬Ω Coupe Fëschbouillon

15 ml / 1 EL Rais Wäin oder dréchen Sherry

15 ml / 1 Esslöffel Sojazooss

2 Frühstücks Zwiebelen (Scalions), gehackt

1 Scheiwen Ingwer, fein gehackt

15 ml / 1 Esslöffel gesalzene Wäin Esseg

Propper an huelt d'Skalen aus dem Fësch a léisst et e puer Stonnen am kale Waasser drénken. Drain a Pat dréchen, dann e puer Mol op all Säit schloen. Den Ueleg erhëtzen an de Fësch op béide Säiten ubroden, bis en härt. Huelt aus der Pan a gitt an a reservéiert alles ausser 30ml / 2 El. Den Zocker an d'Pan addéieren a bis däischter réieren. Knuewelek a Bambusscheiss addéieren a gutt mëschen. Füügt déi aner Zutaten derbäi, bréngt e

Kachen, da bréngt de Fësch zréck an d'Pan, iwwerdeckt a simmer fir ongeféier 15 Minutten bis de Fësch gekacht ass.

De Fësch an e waarme Plat leeën a d'Zooss driwwer schëdden.

www.ingramcontent.com/pod-product-compliance
Lightning Source LLC
LaVergne TN
LVHW010925061026
849535LV00007B/2246